哈佛给孩子的 400个

潘鸿生◎编著

思维游戏

——玩出孩子高智商

北京工业大学出版社

图书在版编目（CIP）数据

哈佛给孩子的 400 个思维游戏：玩出孩子高智商 /
潘鸿生编著. —北京：北京工业大学出版社，2016.11
（2022.3 重印）
ISBN 978-7-5639-4916-8

Ⅰ. ①哈…　Ⅱ. ①潘…　Ⅲ. ①智力游戏－少儿读物
Ⅳ. ①G898.2

中国版本图书馆 CIP 数据核字 (2016) 第 224784 号

哈佛给孩子的 400 个思维游戏——玩出孩子高智商

编　　著：潘鸿生
责任编辑：贺　帆
封面设计：胡椒书衣
出版发行：北京工业大学出版社
　　　　　（北京市朝阳区平乐园 100 号　邮编：100124）
　　　　　010-67391722（传真）　　bgdcbs@sina.com
经销单位：全国各地新华书店
承印单位：唐山市铭诚印刷有限公司
开　　本：787 毫米 ×1092 毫米　1/16
印　　张：14
字　　数：220 千字
版　　次：2016 年 11 月第 1 版
印　　次：2022 年 3 月第 3 次印刷
标准书号：ISBN 978-7-5639-4916-8
定　　价：39.80 元

前　　言

创立于1636年的美国哈佛大学，被誉为高等学府王冠上的宝石，是世界各国学子神往的学术圣殿。300多年间，哈佛大学先后培养出7位总统、40位诺贝尔奖获得者，以及数以百计的世界级财富精英，为商界、政界、学术界及科学界培养了无数的成功人士。

对于哈佛大学这样的百年世界名校来说，培养青年学子的超常思维能力，其重要性永远排在教授具体的知识技能之前。正如哈佛大学第21任校长艾略特所言："人类的希望取决于那些知识先驱者的思维，他们所思考的事情可能超过一般人几年、几代人甚至几个世纪。"

思维是智力的核心，一个人的思维能力反映着其智力水平的高低。思维能力强的人干事情总是游刃有余，而思维能力弱的人做事情往往会心有余而力不足。综观那些哈佛大学毕业的学子，虽然其卓越能力表现在多个方面，但他们都有一个共同点，那就是思维能力超强。

其实，我们每个人都有思维潜能，大多数人之所以不能像哈佛学生那样挖掘大脑的潜在资源，让思维能力得以发挥，是因为缺少有意识的训练。

事实证明，有意识的训练可以开发大脑潜能，提高思维能力，但训练往往是一个枯燥而乏味的过程，那么，有没有既有效又有趣的思维训练方式呢？

思维游戏作为一种能"使思维流动的活动"，无疑是一种训练思维的最好方式，它不但能够帮助发掘个人潜能，而且能使人感到愉快。

本书精选了哈佛大学专门设计的 400 个思维游戏，极具代表性和独创性，内容丰富，形式活泼，可以帮助孩子在游戏中轻松开发大脑潜能、全面提高思维反应能力，引导孩子在做游戏的过程中越玩越聪明、越玩越成功！

目　录

第三章　逻辑谜题
——逻辑推理思维游戏

第四章 玩转思维
——发散变通思维游戏

第五章　智破疑案
——侦破综合思维游戏

第一章　数字魔方
——数字运算思维游戏

1. 神奇的年份

在20世纪中有这样一年，这一年的年份数倒过来写在纸上仍是该年年份数。这一年是哪一年？

2. 计算问号处的数字

1，2，5，13，34，（？）
计算问号处的数字是什么？
A．47
B．68
C．77
D．89

3. 计算结果

现在请你用5、5、5、1四个数计算24，你知道该如何运算吗？

4. 求出最大的整数

如果+、−、×、÷，分别只能使用一次，那么，这几个数字中间分别应添什么符号，才能使下面这个算式得出最大的整数答案（可以使用一次小括号）？

4 2 5 4 9 =

5. 奇妙算式

你能在下面的数字"5"中加上加、减、乘、除和括号，让等式成立吗？

5555=1

5555=2
5555=3
5555=4
5555=5
5555=6

6.数字游戏

如果在下面这个算式的空格中填入同一个数字（1位数），是数字几呢？
9□×□=6□9

7.看数字找规律

请观察下面的数字，找出其中的规律，并填出问号处的数字。
速度快的几秒钟就可以解答出来了。
1 10 3 9 5 8 7 7 9 6 ？ ？

8.上下左右

上左×下右=左下上右，上右×下左=上左下右。算式中上、下、左、右各代表四个不同的数字，你能猜出它们各代表什么数字吗？

9.看图计算问号数字

找出下面图片中图形所代表的数字，计算出问号代表的数字。

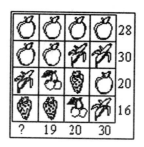

10．递进的式子

你能在下面的数字中间，加上加、减、乘、除和括号，让等式成立吗?

123=1

1234=1

12345=1

123456=1

1234567=1

12345678=1

11．加运算符号

你能在下面的数字中间添上运算符号，使等式成立吗?

123456789=50

123456789=50

123456789=50

12．组成最大的数

用8、3、4这三个数组成的最大数字是843，那么用9、6、8、3、1这五个数组成的最大数字是什么呢?

13．加入符号

在数字4和5之间加入什么符号，能使组成的数字大于4而且小于5?

14.循环数字

你能快速写出下列算式的结果吗？1×1=?

11×11=?

111×111=?

1111×1111=?

11111×11111=?

15.递进的得数

用四个"4"和不同的运算符号列出五个算式，使得数分别为1、2、3、4、5。你能做到吗？

16.神秘七位数

有这么一个七位数，它的个位数字是这个七位数中数字6的个数；它的十位数字是这个七位数中数字5的个数；它的百位数字是这个七位数中数字4的个数；它的千位数字是这个七位数中数字3的个数；它的万位数字是这个七位数中数字2的个数；它的十万位数字是这个七位数中数字1的个数；它的百万位数字是这个七位数中数字0的个数。

你知道这个七位数是多少吗？

17.吉利的数字

将六个8组成若干个数，使其相乘和相加后等于800。请问，该如何排列？

18. 奇妙三位数

有一个奇妙的三位数，减去7后正好被7除尽；减去8后正好被8除尽；减去9后正好被9除尽。你能猜出这个三位数是多少吗？

19. 奇妙的数字

有这么一个数，当它加上100后，所得的数是一个正整数的平方；然后用所得的数，再加上68，又是另外一个正整数的平方。你能算出这个数是多少吗？

20. 最小的数字

如果不使用任何其他的符号和记号，只把1、2、3、4这四个数字各使用一次，组成最小数字的方法有多少种呢？分别是哪几种？

21. 有多少个7

你能算出从0~99这100个数字中，共有多少个7吗？

22. 得数相同

你能用五个1和五个3组成两道最简单的算式，使其答案都等于100吗？

23．把格子填完整

图中4×4的格子中，每行每列以及对角线都包含了"1、2、3、4"这几个数字，现在已经标出了部分数字，你能把这个格子填写完整吗？

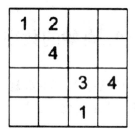

24．奇怪的时钟

有一个闹钟，只有时针行走正常，它的分针每小时会走80分钟，而且还是倒着走，可是有时候它的时间又是显示正确的。如果时钟在6点半的时候显示是正确的，那你知道什么时候这台奇怪的时钟才会再一次显示正确的时间呢？

25．由一半知总数

英国军队在一次激烈的战斗后，医护人员统计了一下受伤人数。据资料显示：连队100名士兵中有85名伤员失去了一只脚，80名失去了一只手，75名失去了一只耳朵，70名失去了一只眼睛。

医护人员为了能更准确地得出有多少伤员同时失去了一只脚、一只手、一只耳朵和一只眼睛，但是又不想浪费时间挨个去统计。现在，你能帮这位医护人员想出一种更好的解决办法吗？

26．毛拉德巴斯的故事

在古波斯，流传着"毛拉德巴斯"的故事。其中说的是一位智者给一个小女孩提出了这样的问题：

一个女人去果园摘苹果，果园有四道门，各有一位守门人看守。

出门时，那个女人首先给了第一道守门人一半苹果；

到第二道门的时候，那里的守门人要了剩下苹果的一半；

第三个守门人又要了剩下的苹果的一半；

最后到第四道门，守门人还是要了剩下的一半。最后那个女人就只剩下10个苹果了。

请回答，她到底摘了多少个苹果？

27. 飞行的苍蝇

有两个自行车运动员同时在甲地—乙地公路上相对而骑。

当他们还相距300公里的时候，有一只有趣的苍蝇，从两个运动员之间不停地飞来飞去。一直到他们两个相遇了，它才安心地在一个运动员的鼻子上停下来。

苍蝇以每小时100公里的速度在两个运动员之间飞了3个小时，在这段时间里两个自行车运动员的行驶速度都是每小时50公里。

苍蝇一共飞了多少公里？

28. 大雁的队形

有一群大雁，1只在前，4只在后；1只在后，4只在前；1只在左，4只在右；1只在右，4只在左；1只在2只中间，3只排成一行。问这群大雁有多少只？队形是怎样排的？

29. 最少要几架飞机

某航空公司有一个环球飞行计划，但是有下列条件：每个飞机只有一个油箱，飞机之间可以相互加油，因为没有加油机；一箱油可供一架飞机绕地球飞半圈。为了使至少一架飞机绕地球一圈回到起飞时的飞机场，至少需要出动几架飞机？加油时间忽略不计。

30. 有几艘船相遇

每天中午，在法国塞纳河畔的勒阿佛和美国纽约之间，总会有轮船对驶。航船每次横渡的时间正好是一个礼拜。

请问：今天从美国开出的轮船能遇到几艘来自法国的轮船？

31. 怎样找出那箱替代品

伦达公司是美国一家著名的制笔厂，这家厂里的笔直销好几个国家。由于公司的流水线工程管理得非常科学，每道工序又都要求得特别严格，所以公司里的笔很少出现次品。这次，公司发现在发出的10箱铱金笔里，其中有一箱是用不锈钢材料做的替代品。10个箱子的外形和颜色都一样，只是重量上有差别：铱金笔每支重100克，不锈钢替代品每支重90克。

如果只让用一个天平称重一次，你能把这箱替代品检查出来吗？

32. 硬币与圆洞

某公司在招聘员工的时候，出了这样一道题：一张纸上有一个直径为3厘米的圆洞，再要求把一个半径为2厘米的硬币从圆洞中穿过去。前提是不能把纸弄破。许多应聘者都被难倒了。请问，你有什么好办法吗？

33. 工资如何分配

美国西部的一位农场主人，在种小麦时雇用了两名佃农哈捷和农若。哈捷擅长耕田却拙于播种，农若则不善于耕田而专长播种。现在一共有10公亩（1公亩

=100平方米）田，由两人分摊，哈捷从东侧开始工作，农若从西侧开始工作。哈捷耕田一公亩只需10分钟，农若则需花40分钟；但是，播种时，农若的速度比哈捷快3倍。

当两个人完成工作后，农场主人按照他们的工作量发给工资，合计100元。请问两人应根据多少比例分摊工资？

34.文具的价钱

汤姆和杰克去一家商店买东西，杰克挑选了四件文具，汤姆在心里算了一下，总共6.75美元，其中有一件只需1美元。杰克准备付钱时，汤姆发现店主用计算器算价时按的不是加法键，而是乘法键。他正准备提醒店主，但却惊奇地发现，计算器算出的数字也是6.75美元。而且店主没按错数字。

那么，你知道这四件文具的单价各是多少元吗？

35.哪桶是葡萄酒

一位酒商有六桶酒，容量分别为30升、32升、36升、38升、40升、62升。其中五桶装着啤酒，一桶装着葡萄酒。第一位顾客买走了两桶啤酒；第二位顾客所买的啤酒则是第一位顾客的两倍。请问，哪一个桶里装着葡萄酒？（酒是要整桶出售的）

36.百钱百鸡

我国数学家张丘在他所著的《算经》里提出了一个著名的不定方程问题：公鸡一个值5文钱，母鸡一个值3文钱，小鸡3个值1文钱，现在用了100文钱，恰好买了这3种鸡共100只。请问，公鸡、母鸡、小鸡各多少只？

37. 孙子定理

　　我国有一道闻名中外的计算题，被称为"孙子定理"或"鬼谷子算"。原题是这样的："今有物不知其数，三三数之剩二，五五数之剩三，七七数之剩二，问物几何？"意思是：现有一些物品，不知道它的具体数目。以3个来计数（3个3个地数），最后剩下2个；以5个来计数，最后剩下3个；以7个来计数，最后剩下2个。

　　请问，这些物品至少有多少个？

38. 两列火车相隔多远

　　纽约和波士顿相距220英里（1英里约合1.609千米）。一列火车以每小时65英里的速度从纽约向波士顿开出。1个小时后，另一列火车以每小时55英里的速度从波士顿向纽约开出。

　　假设两列火车都沿直线匀速运行。问：两列火车相遇前1个小时，它们之间相隔的距离是多少？

39. 如何换轮胎

　　在第二次世界大战时，一个美军上尉要把一车物资运到前线去，行程大约要5万公里。他用来运输的是军用三轮车，因为道路的缘故，预计每个轮胎的寿命只有2万公里，上尉有一辆新车和5个备用轮胎。那么，上尉能够利用这8个轮胎，把物资运到前线吗？

40. 送 邮 件

　　一列装有邮件的火车将要到达车站，邮局派出一辆汽车到车站去。这天火车到得比规定的时间早，运来的邮件就派人骑摩托车送到邮局去了。摩托车手走了半小时路程，遇见了汽车司机，汽车司机接过邮件，一点不耽搁就掉头回去。

汽车司机回到邮局比往常早了20分钟。

那么，火车到达车站比规定时间早了几分钟？

41. 蜡　　烛

有一个小镇经常停电。每停一次电，一户居民就要用去1支蜡烛，每5个蜡烛头又可再做成1支蜡烛。现在有一户居民家里只剩下40个蜡烛头了，用这些蜡烛头做成蜡烛，可以供几个停电的晚上使用？

42. 木头与绳子

用一根标有刻度的绳子来测量一根木头的长度。如果把绳子折成三折来测量，多余的部分有6米；如果把绳子折成四折来测量，多余的部分有2米。

那么，你能算出绳子和木头的长度分别是多少米吗？

43. 玻璃球之谜

一只坛子里装有44只玻璃球。其中：白色的2只，红色的3只，绿色的4只，蓝色的5只，黄色的6只，棕色的7只，黑色的8只，透明的9只。

如果要求每次从中取球1只，从而得到2只同色的球。

请问：最多只需取几次？

44. 聪明的大力水手

大力水手又要出海巡逻去了，他总是忘不了往自己的船上搬菠菜罐头。菠菜罐头的包装有三种：长方形、正方形、圆柱形。长方形罐头重量占总重量的一半；正方形罐头重量占总重量的1/3；圆柱形罐头比正方形罐头少30公斤。

大力水手是个聪明的小伙子，他一下子就算出了三种罐头各自的重量。

你能这么快算出来吗？

45. 袋子里的棋子

迈克对珍妮说："我能将100枚围棋子装在15只塑料袋里，每只袋子里的棋子数目都不相同。"你认为迈克能办到吗？

46. 拿破仑操练敢死队员

法国皇帝拿破仑是个足智多谋的军事家，他训练了一支160人的敢死队专门打头阵。他为了让这支敢死队时刻保持警惕，就在半夜三更士兵熟睡的时候，突然吹响紧急集合的哨令。领队长官发现有89人戴了军帽，67人穿了军鞋，军帽没戴军鞋也没穿的有10人。拿破仑马上问领队长官："你知道有多少士兵既戴了军帽又穿了军鞋了吗？"

领队长官回答说："我去数数。"拿破仑大喝一声："不要去数了，我早知道了。"

你知道拿破仑算出的答案是多少吗？

47. 一元钱去哪里了

一家冷饮店在促销雪糕，店中有袋装的雪糕和盒装的雪糕各30根，其中袋装的雪糕每3根卖1元钱，盒装的雪糕每2根卖1元钱，这样一天可以卖得25元钱。忽然有一天，一个消费者告诉店主把袋装的雪糕和盒装的雪糕混在一起每5根卖2元钱，可以卖得快一些。第二天，店主就尝试着这样做，结果却只得到了24元钱。

店主很纳闷，雪糕没少卖，怎么钱却少了1元？

你知道店主的这1元钱去了哪里吗？

48.反恐信息

国际反恐组织得到消息，制造了多起恐怖事件的"黑鹰"组织首领伯德和另外一些核心成员，一年前躲到A国来了。现在他们频繁接触，似乎在酝酿新的恐怖计划。国际反恐组织经过缜密的调查发现，该组织的成员碰面形式很奇怪：第一名头目的助手隔一天去头目那里一次，协助他处理事情；第二名恐怖分子隔两天去一次，第三名恐怖分子隔3天去一次，第四名恐怖分子隔4天去一次……第七名恐怖分子要每隔7天才去一次。为了避免打草惊蛇，并且把恐怖分子们一网打尽，亚伯拉罕探长决定等到7名恐怖分子都碰面的那天再行动。聪明的读者，这7名恐怖分子什么时候才会一起碰面呢？

49.蜜蜂采蜜

一只蜜蜂外出采蜜，发现一处蜜源，它立刻回巢招来10个同伴，可还是采不完。于是每只蜜蜂回去各自又招来10个同伴，大家再采，花蜜还是剩下很多。于是蜜蜂们又回去找同伴，每只蜜蜂各自又招来10个同伴，但仍然采不完。蜜蜂们再回去，每只蜜蜂各自又招来10个同伴。这一次，终于把这一片蜜源采完了。

你知道前来采这块蜜源的蜜蜂一共有多少只吗？

50.牛顿数苹果

著名物理学家牛顿来到后院的果园里游玩。他碰到一个仆人在摘果子。仆人知道用脑过度的牛顿是特地出来休息的，于是便走到牛顿面前，出了一道非常简单的问题："这个果园的苹果是橘子数目的2倍。我和你再另外加上20人来分配，每人可分到3个橘子，4个苹果。最后，橘子分完了，而苹果却还剩着120

个。问果园里共有多少橘子和苹果？"

牛顿一下子就算了出来，你们是否也知道了呢？

51. 两龟赛跑

有两只乌龟一起赛跑。甲龟到达10米终点线时，乙龟才跑到9米处。现在如果重新比赛，让甲龟的起跑线退后1米，这时甲、乙两龟同时起跑。请问，甲、乙两龟是否能同时到达终点？

52. 七位女士的相聚日期

有七位年轻的女士，她们互相是好朋友，都信仰宗教，每周都要到同一个教堂去做祷告。但是由于信仰的程度不同，她们去教堂的次数也不相同。萨沙每天必去，琳达隔一天去一次，麦琪每隔两天去一次，玛丽安每隔三天去一次，安琪每隔四天才去一次，艾米尔每隔五天才去一次，上教堂次数最少的是玛格丽特，她每隔六天才会去一次。

昨天是2月29日，这七位女士愉快地在教堂碰面了，她们有说有笑，憧憬着下一次碰面时的情景。请问，这七位女士下一次相聚教堂会是在什么时候？

53. 如此卖葱

一个人在集市上卖葱，一捆葱有10斤重，卖1元钱一斤。有个买葱人说："你的葱我全都买了，不过我要分开称，葱白7角钱一斤，葱叶3角钱一斤，这样葱白加葱叶每斤还是1元钱，对不对？"卖葱的人一想，7角加3角正好等于1元，就同意卖了。他把葱切开，葱白8斤，葱叶2斤，加起来10斤，8斤葱白5.6元，2斤葱叶6角，共计6.2元。事后，卖葱的人越想越不对，原来算好的，10斤葱明明能卖10元，现在怎么只卖了6.2元呢？到底哪里算错了呢？

54. 消失的 10 美元

约翰向爸爸借了500美元，向妈妈借了500美元，买了双皮鞋用了970美元，剩下30美元。还爸爸10美元，还妈妈10美元，自己剩下了10美元。欠爸爸490美元，欠妈妈490美元，490＋490=980，加上自己的10美元，等于990美元，问剩下10美元去哪了？

55. 时间谜题

杰克是一个数学迷，总是出一些稀奇古怪的题让别人算。这天，朋友汤姆的表停了，就过来问杰克具体的时间。杰克没有直接回答他的问题，而是说："如果再过1999小时2000分2001秒，我的手表正好是12点。你应该能算出现在的具体时间吧。"听到这么多数字，汤姆懵住了。

你能帮汤姆把现在的具体时间算出来吗？

56. 蜗牛爬井

一只蜗牛从井底爬到井口，每天白天蜗牛要睡觉，晚上才出来活动。一个晚上蜗牛可以向上爬3尺，但是白天睡觉时会往下滑2尺，井深10尺。

请问，蜗牛用几天可以从井里爬出来？

57. 最后剩下几号

1～50号运动员按顺序排成一排。教练下令："双数运动员出列！"剩下的运动员重新排队编号。教练又下令："双数运动员出列！"如此下去最后只剩下一个人，他是最初的几号运动员？如果教练下的令是"单数运动员出列"，那么，最后剩下的又是几号运动员？

58. 必胜之道

甲乙二人一起玩移动棋子的游戏，桌子上共1111个空格排成一行，最左端空格里放有一枚棋子，甲先乙后轮流向右移动棋子，每次移动1~7格，将棋子移动到最后一格的人输。甲为了获胜，第一步必须向右移动多少格？

59. 推算惨案时间

一天夜里，邻居听到一声惨烈的尖叫声。早上醒来发现，原来昨晚的尖叫是受害者的最后一声。负责调查的警察向邻居们了解案件发生的确切时间。一位邻居说是12：08，另一位老太太说是11：40，对面杂货店的老板说他清楚地记得是12：15，还有一位绅士说是11：53。但这4个人的表都不准确。在这些手表里，一个慢25分钟，一个快10分钟，还有一个快3分钟，最后一个慢12分钟。聪明的你能帮助警察确定作案时间吗？

60. 倒霉的商人

一位商人花70元购进一件衣服，加价12元出售。后发现购买者支付的那张100元是假钞，商人大悲。

现在请你帮这个倒霉的商人算算，他在这件衣服上共损失多少元钱？

61. 珠宝商人的宝石

有一个珠宝商人带着59颗宝石旅行，这些宝石不是紫色的就是绿色的，它们都被装在袋子中。每9颗紫宝石装一个袋子，每4颗绿宝石装一个袋子。

那么，你能算出他有多少颗紫宝石吗？

62. 同年同月同日生

一所高校分高一、高二、高三共三个学年组，每个学年组有10个班级，每个班级有52个人，如果这些人中的90%都是1988年至1990年出生的，那么他们中有多少人是同年同月同日出生的呢？

63. 俄罗斯木匠

在17世纪俄罗斯的数学家手稿里，有一些有趣的例题和习题。下面是其中的一个问题：

某人雇用4个木匠造一所房屋。第一个木匠说："如果我一个人造，需要一年时间。"第二个木匠说："要是我一个人造，需要两年时间。"第三个木匠说："如果我一个人造，非三年不可。"第四个木匠说："我一个人造，没有四年是不行的。"最后四个木匠一起来造房子。问：需要多少时间可以把房屋造好？

64. 参加生日晚会的人数

今天是露丝的生日，有许多朋友前来为她庆祝。吃完蛋糕后，所有的人都站了起来，他们组成一个圆圈将露丝围在中间，然后这个圆圈沿着顺时针方向走动起来，每个人边舞边唱。这时，圆圈中的露丝发现在自己前面的人数的1/5，加上自己后面人数的5/6，正好是所有在场的人数。

那么，共有多少人参加露丝的生日晚会？

65. 一群迷路的人

9个人在山中迷了路，他们所有的粮食只够吃5天。第二天，这9个人又遇到另外一队迷路的人，大家便合在一起，再一算粮食，两队人合吃，只够吃3天。你知道这另外一队迷路的有多少个人吗？

66. 猎人的战果

有一天，猎人出去打猎，直到天黑才回到家。他的妻子问他："你今天打了几只野兽？"猎人说："打了9只没有尾巴的，8只半个的，6只没有头的。"他的妻子莫名其妙，弄不清楚他说的是什么意思。猎人到底打了几只野兽，你知道吗？

67. 分　牛

有一个财主去世了，根据他所留下的遗嘱，他的财产将会分配给他的3个孩子。但是在分配的过程中出现了麻烦，原因是财主有17头牛，根据遗嘱，老大分1/2，老二分1/3，老三分1/9。但是17不能被2、3、9整除，所以3个孩子想来想去也没想出好主意。这时一位数学家恰巧从这里经过，当他得知情况后，很快就按遗嘱分了牛，而且没有杀死一头牛。

你知道他是怎么分的吗？

68. 农场主的家畜

有一个农场主说他一共养了224只家畜，其中绵羊比奶牛多38只，奶牛又比猪多6头。这时，刚好遇到附近另一个农场的人来用奶牛换绵羊，他把主人75%的奶牛按照一头奶牛换5只绵羊的比例换走了。现在你知道这个农场主分别养了多少头奶牛、多少只绵羊、多少头猪吗？

69. 报数字的游戏

有一种抢报"30"的游戏，规则很简单：两个人轮流报数，第一个人从1

开始，按顺序报数，他可以只报1，也可以报1、2。第二个人接着第一个人报的数再报下去，但最多也只能报两个数，却不能一个数都不报。例如，第一个人报的是1，第二个人可报2，也可报2、3；若第一个人报了1、2，则第二个人可报3，也可报3、4。接下来仍由第一个人接着报，如此轮流下去，谁先报到30谁胜。

如果你和你的朋友在玩这个游戏，你知道用什么方法可以取胜吗？

70. 继承人的智慧

有一个国王，他有两个非常聪明的儿子。就在这段时间国王得了一场大病，将不久于人世。为了能从两个儿子中选出一个合适的继承人，他想到了一个方法来考验他们。他派人将两位王子带到自己面前，并让仆人拿出了30颗硕大的宝石和两个盒子，盒子分别为蓝色的和红色的。然后他对两个王子说："我们来做一个游戏，在开始的时候，你们要蒙上眼睛，仆人把这30颗宝石分别往这两个盒子里面放，如果仆人往红盒子里放，每次放一颗；如果仆人往蓝盒子里放，每次放两颗。他每放一次宝石，旁边的另一位仆人就会拍一次掌，当他放完后，你们要说出在红盒子里有多少颗宝石，谁猜对谁就将继承王位。猜错的人虽然失去王位但可以获得这些宝石。可以吗？"王子们同意了。于是按要求去做，在这个过程中，两个王子听到21次拍掌。请问，红盒子里有多少颗宝石？

71. 是否应该跳槽

杰克的销售业绩非常突出，所以有一家公司想要挖他过去。杰克现任的公司半年工资5万元，工资每半年增加5000元；而想要挖他过去的公司年工资10万元，工资每一年增加2万元。他在选择时有点举棋不定。如果只从工资待遇方面考虑，你认为他该不该跳槽呢？

72. 古钱币的交易

有一位古董商收购了两枚古钱币，后来又以每枚60元的价格将这两枚古钱币出售了。其中的一枚赚了20%，另一枚赔了20%。请问，和他当初收购这两枚古钱币相比，这位古董商是赚是赔，还是持平了？

73. 门牌号码

琼斯太太家的门牌号是一个从左到右、用阿拉伯数字写的4位的数字。有一天，门牌掉了下来，琼斯太太重新放上去的时候，却把它放反了。她发现现在的门牌号仍然是一个4位的阿拉伯数字，但是比原来的数字多了7875。请问，琼斯太太家的门牌号到底是多少？

74. 猫捉老鼠

如果5只猫在5分钟内可以捉5只老鼠。那么，100分钟要捉100只老鼠，需要多少只猫？

75. 刁藩都的墓志铭

著名的古希腊数学家刁藩都的生平历史，几乎没有记载保留下来，后人仅从他很特别的墓志铭中略微知道一些。他的墓志铭是这样写的：

过路人，这里埋着刁藩都的骨灰，下面的数目可以告诉您，他的寿命究竟有多长：

他生命的六分之一是幸福的童年。再活了他生命的十二分之一，他长起了细细的胡须。刁藩都结了婚，可是还不曾有孩子，这样又度过了一生的七分之一。再过五年，他头胎得了儿子，他感到很幸福。可是命运给这孩子在这世界上的光辉灿烂的生命只有他父亲的一半。自从儿子死后，这老头儿在深深的悲痛中活了四年，也结束了尘世的生涯。

请问，刁藩都活到多少岁才离开人世？

76. 找出数字的规律

这里有一组数据：961，（25），432；760，（15），433；658，（95），434；871，（24），325；932，（？），731；793，（47），657。

你能找出其中的数字规律，并且写出括号内的数字吗？

77. 猜 年 龄

有这样一个人，早在45年之前他儿子刚出生时他就已经成了一个职业魔术师。他的岁数的个位和十位交换一下便是他儿子的岁数。如果他比他儿子大27岁，那么他们现在分别是几岁？

78. 戒 烟

一个小镇上有一位神医，他专门帮人戒烟。一天又一个吸烟成瘾的人来找他帮忙，于是他对那个人说："一包烟有20根，请你点燃第一根香烟，抽完后，过1秒点燃第二根香烟；抽完第二根后，过2秒再点燃第三根；抽完第三根后，过4秒点燃第四根；之后过8秒……如此下去，每次等待的时间加倍就行。只要你遵守规则，我保证，抽不完两包烟，你就能戒掉烟。"

你觉得如果按照神医说的话去做，那个人真的能戒掉烟吗？

79. 看 报 纸

有一份新报纸，四个人分着看。约翰已经看了3张，现在拿在手中的这一张，左面标的是第7页，右面标的是第22页。

那么，约翰还有多少张报纸没有看？

80．挂钟里的秘密

黛布拉是一个女间谍，有一次，她接受了一项任务：刺探某国的军情。

为了完成这项任务，她乔装成一个女用人，来到了军政要人卡菲尔将军的宅邸中。

经过一段时间的调查后，黛布拉弄清了卡菲尔将军的机密文件全放在书房的秘密金库里。但这个秘密金库的锁用的是拨号盘，必须拨对了号码，金库的门才能开启，而这号码又是绝密的，只有将军一个人知道。

卡菲尔将军年纪已经很大了，事情又多，近来特别健忘。因此黛布拉推测秘密金库的拨号盘号码，肯定是记在笔记本或其他什么地方，而这个地方决不会很难找、很难记。

一天，她用放有安眠药的酒灌醉了卡菲尔，蹑手蹑脚地走进书房。这时已是凌晨两点多钟，黛布拉已经查明秘密金库的门就嵌在一幅油画后面的墙壁上，拨号盘号码是6位数。她从1到9逐一通过组合来转动拨号盘，但都没有成功。眼看天快亮了，如果这次不能成功，必然会引起卡菲尔将军的警觉，黛布拉感到有些绝望。

忽然墙上的挂钟引起了她的注意。她发现来到书房的时间是凌晨两点多，而挂钟上的指针指的却是9时35分15秒。这很可能就是拨号盘上的号码，否则挂钟为什么不走呢？但是9时35分15秒应为93515，只有5位数，这是怎么回事呢？她进一步思索，终于发现了6位数密码，完成了刺探情报的任务。

你知道这6位数的密码是什么吗？

本章答案

1.神奇的年份

答案：1961年。把纸倒过来时，数字1仍是1，数字6变成了9，数字9变成了6。

2.计算问号处的数字

答案：$34 \times 2+1+2+5+13=89$。

3.计算结果

答案：$5 \times (5-1/5)=24$。

4.求出最大的整数

答案：27。

$(4 \div 2+5-4) \times 9=27$。

5.奇妙算式

答案：$(5+5) \div (5+5)=1$。

$5 \div 5+5 \div 5=2$。

$(5+5+5) \div 5=3$。

$(5 \times 5-5) \div 5=4$。

$5 \times (5-5)+5=5$。

$55 \div 5-5=6$。

6.数字游戏

答案：数字7。

7.看数字找规律

答案：11和5。很简单，隔一个数+2，-1。

8.上下左右

答案：上=2；下=8；左=1；右=7。

9.看图计算问号数字

答案：①第一行，4个苹果为28，苹果为7；　②第二行，苹果为14，两个香蕉为16，一个香蕉为8；　③第二列，草莓加李子为5，从第四行求得草莓为3。因此第一列为7+7+8+3=25。

10．递进的式子

答案：$(1+2) \div 3=1$。

$1 \times 2+3-4=1$。

$[(1+2) \div 3+4] \div 5=1$。

$(1 \times 2+3-4+5) \div 6=1$。

$\{[(1+2) \div 3+4] \div 5+6\} \div 7=1$。

$[(1 \times 2+3-4+5) \div 6+7] \div 8=1$。

11.加运算符号

　　答案：$1×2+3×4+5×6+7+8-9=50$。

　　$1+2+(3+4)×5+6+7+8-9=50$。

　　$123-4×5×6+7×8-9=50$。

12.组成最大的数

　　答案：99831。把"6"倒转过来可以当"9"使用，你想到了吗?

13.加入符号

　　答案：加入小数点。

14.循环数字

　　答案：$1×1=1$。

　　$11×11=121$。

　　$111×111=12321$。

　　$1111×1111=1234321$。

　　$11111×11111=123454321$。

15.递进的得数

　　答案：$(4+4)÷(4+4)=1$。

　　$4÷4+4÷4=2$。

　　$(4+4+4)÷4=3$。

　　$(4-4)÷4+4=4$。

　　$(4×4+4)÷4=5$。

16.神秘七位数

　　答案：这个七位数是3211000。

17.吉利的数字

　　答案：$88×8+8+88=800$。

18.奇妙三位数

　　答案：504。因为7、8、9正好是一组倍数，所以$7×8×9=504$。

19.奇妙的数字

　　答案：这个数是156。

20.最小的数字

　　答案：最小的数字有六种，分别为：1的234次方，1的243次方，1的324次方，1的342次方，1的432次方，1的423次方。

21.有多少个7

答案：共有20个。要注意70到79的范围内就有11个7。

22.得数相同

答案：①111-11=100；②33×3+3÷3=100。

23.把格子填完整

1	2	4	3
3	4	2	1
2	1	3	4
4	3	1	2

24.奇怪的时钟

答案：3/7小时后，这台时钟会再一次显示正确的时间。

正常时钟的分针每小时走一圈，也就是360度，每分钟相当于6度。时钟在6点半的时候显示是正确的，下一次时钟正确显示时，倒着走的分针又落在正确的位置上。假设其间的时间为x分钟，如果分针行走正常的话，它将沿着顺时针的方向走6x度，现在倒着走的分针沿着逆时针方向走80x×6÷60=8x度，两者之和正好是一圈360度：6x+8x=360，14x=360，x=180/7分钟=3/7小时，也就是说在3/7小时后，这台奇怪的时钟会再一次显示正确的时间。

25.由一半知总数

答案：如果一个问题从正面很难解决，不妨去换个角度考虑。在这100名士兵中，15人没有失去脚，20人没有失去手，25人没有失去耳朵，30人没有失去眼睛，这样加起来是90人，那就是说至少会有10人失去一只脚、一只手、一只耳朵和一只眼睛。

26.毛拉德巴斯的故事

答案：160个苹果。

我们设苹果的总数为x个，那么，那个女人给了第一个守门人x/2个；第二个守门人x/4个；第三个守门人x/8个；最后一个守门人x/16个，剩下的也是x/16个。而x/16=10，故x=160。

27.飞行的苍蝇

答案：苍蝇没有停过，整整飞了3小时，所以飞了300公里。

28.大雁的队形

答案：5只大雁，队形是十字形的。

29.最少要几架飞机

答案：3架飞机飞5次可以完成任务。假设3架飞机分别为A、B、C。3架（ABC)同时起飞，飞行至1/8处，其中一架（A)分油后，安全返航；剩余两架（BC）飞行到1/4处时，其中一架（B)分油后，安全返航；A降落后加完油，在B返回后马上起飞，逆向接应C；同样B降落后加完油，也立即逆向起飞，接应AC；两架（AC）在逆向1/4处相遇，分油后，同飞行；3架（ABC）飞机在逆向1/8处相遇，分油后继续飞行，这样就可以完成任务了。所以，3架飞机飞5次就可以完成任务。

30.有几艘船相遇

答案：15艘船。首先我们先想一下，从美国纽约开往勒阿佛的海航线上总会有七艘轮船，只有每天中午才会有6艘轮船，而且每两艘轮船相距一天路程。今天中午从勒阿佛开出的船每半天（12小时）会遇到一艘从纽约来的船（横渡一次时间是7天7夜），本应是会遇到14艘，可是从勒阿佛开出的船是中午开出。因此最后一艘是在美国纽约遇到的，第一艘是在法国勒阿佛遇到的，所以正确答案是：路途中遇到13艘从纽约来的船，然后，还要加上在勒阿佛遇到的刚到达的从纽约来的那艘船，最后再加上在美国遇到的准备出发的一艘船。

31.怎样找出那箱替代品

答案：可以。先将10个箱子编上序号，然后从第1箱取出1支，从第2箱取出2支，从第3箱取出3支……从第10箱取出10支，一共55支笔。如果全是铱金笔，其总重量是5500克。因此，如果称出的结果比5500克少10克，就说明55支笔中只有1支是替代品，拿出1支的第一箱就是替代品；如果少了20克，就有2支替代品，第2箱就是替代品……以此类推，最终便可以区分出哪一箱是替代品了。

32.硬币与圆洞

答案：通常来说，半径是2厘米的硬币要穿过直径是3厘米的圆洞，简直是不可能的。但如果转换思维，把硬币竖起来之后，它成了一个有宽度的线段；而将纸轻轻拉动之后，使它变成可以让硬币穿过的图形，硬币就能轻松地穿过去了。

33.工资如何分配

答案：两人可以各得50元。原因是两人各分摊了一半的工作量，这与速度毫无关系。

34.文具的价钱

答案：四件文具的单价分别是1美元、1.50美元、2美元、2.25美元。

35.哪桶是葡萄酒

答案：40升的桶里装着葡萄酒。

第一个顾客买走了一桶30升和一桶36升，一共是66升的啤酒。第二个顾客买了132升的啤酒——一桶32升，一桶38升，一桶62升。这样，现在就只剩下40升的桶原封不动。因此，它肯定是装着葡萄酒。

36.百钱百鸡

答案：有三种解。第一种：公鸡4只，母鸡18只，小鸡78只；第二种：公鸡8只，母鸡11只，小鸡81只；第三种：公鸡12只，母鸡4只，小鸡84只。

37.孙子定理

答案：本题有多种解法，主要介绍以下两种。

方法1：先寻找"用3除余2"的自然数，有5，8，11，14，17，20，23，…，128，…，再寻找"用5除余3"的自然数，有8，13，18，23，…，128，…，再寻找"用7除余2"的自然数，有9，16，23，30，…，128，…，于是发现，符合题意的自然数有23，128，…，其中最小的一个数是23，就是本题的答案。

方法2：由条件知，这个数除3和7都余2，就有21+2=23，21能被3和7整除。

38.两列火车相隔多远

答案：120英里。也就是说，两列火车相遇前1个小时，它们之间相隔的距离就等于1小时中两列火车行驶的距离之和。

39.如何换轮胎

答案：可以。把这8个轮胎编上号码（从1~8），每过5000公里，就换一次轮胎，这样所有轮胎可以使用4次。换轮胎的顺序为：123，124，134，234，456，237，567，568，578，678。这样，正好可以行驶5万公里。

40.送邮件

答案：40分钟。这次汽车司机在路上的时间，比往常他从邮局到火车站打个来回的时间少了20分钟。时间少的原因，是汽车司机这次没有到火车站这20分钟，就是从他和摩托车手相遇的地方到火车站打一个来回所需的时间。那就是说，从汽车司机与摩托车相遇的地方到火车站，汽车司机要花10分钟。但我们知道，汽车司机与摩托车手相遇时，摩托车手已经走了半小时，也就是说火车已经到站了半小时了。因为汽车司机是准时离开邮局的，所以在30分钟的基础上，加上汽车司机从与摩托车手相遇的地方到火车站所需的那10分钟，我们就能得出火车比规定时间早到了40分钟。

41. 蜡烛

答案：可供9个晚上使用。因为40个蜡烛头可以做成8支蜡烛，8支用完后又可做成1支。

42. 木头与绳子

答案：木头长度是10米；绳子长度是48米。

因为把绳子折成三折时，多余的部分是6米，也就是说，在绳子折成三折的情况下，绳子比木头的三倍还长了三个6米，就是18米。

当把绳子折成四折时，多余的部分是2米，也就是说，在绳子折成四折的情况下，绳子比木头的四倍还长8米。

把绳子折成四折量木头，比折成三折量木头剩余的绳子少了10米，缺少的原因是在这种情况下多量了一次木头的长度。由此可得，木头的长度是10米。

所以绳子的长度是：10米×3+18米=48米。

43. 玻璃球之谜

答案：这个袋子中有8种颜色的玻璃球，最坏的可能性是，前8次每次摸到的都是不同颜色的玻璃球，这样，第9次摸出的任何颜色的球，都可以构成"同色的两只球"。所以答案为：最多只需取9次。

44. 聪明的大力水手

答案：长方形罐头重90公斤；正方形罐头重60公斤；圆柱形罐头重30公斤。

45. 袋子里的棋子

答案：办不到。因为从第一只袋子里放1枚棋子算起，要想数目不同只能把2、3、4……放入相应的袋子里，这样得出15只袋子全不相同，最少所需的棋子数是1+2+3+4+…+15=120，现在只有100枚棋子，当然是不够装的，所以必然会出现装相同数量棋子的袋子。

46.拿破仑操练敢死队员

答案：（89＋67）－（160－10）＝6（个）。

47.一元钱去哪里了

答案：原来1根袋装的雪糕可卖到1/3元，1根盒装的雪糕可以卖到1/2元，平均价格是每根（1/2＋1/3）÷2＝5/12（元）。但是混卖之后平均1根袋装的雪糕和1根盒装的雪糕合起来卖到2/5元钱，比第一天的平均价格少了5/12－2/5＝1/60（元）。60根雪糕正好少了1元钱。

48.反恐信息

答案：7名恐怖分子会在420天之后会面。先从第一个助手开始去的那个晚上计算。如果7个恐怖分子头目能同时碰面，他们之间间隔的天数一定能够被2、3、4、5、6、7整除，现在我们可以很方便地得出这个数字是420。因此，在他们开始会面的第421天，7人将首次同时出现。而由于他们已经在A国住了一年，所以离这一天的到来已经不会太远了。

49.蜜蜂采蜜

答案：一共有14641只蜜蜂。第一次搬兵：1＋10＝11（只），第二次搬兵：11＋11×10＝11×11＝121（只），第三次搬兵……一共搬了四次兵，于是蜜蜂总数为：11×11×11×11＝14641（只）。

50.牛顿数苹果

答案：橘子是180只，苹果是360只。

51.两龟赛跑

答案：它们仍然不会同时到达终点。甲龟起跑线退后1米，也就是说甲龟要跑11米，乙龟跑10米。根据条件我们知道甲龟跑到第10米的时候，乙龟跑到第9米处。所以，它们各自还剩1米的路程。已知甲龟的速度大于乙龟，所以最后还是甲龟先到终点。

52.七位女士的相聚日期

答案：七位女士要隔多少天在教堂里相聚一次，这个天数加1需能被1～7之间的所有自然数整除。1～7的最小公倍数是420，也就是说，它们每隔419天才能齐聚于教堂。因为上一次聚会是在2月29日，可知这一年是闰年。那么第二年2月份就只有28天的可能。由此推出，她们下次相聚是在第二年的4月24日。

53.如此卖葱

答案：要知道，葱原本是1元钱一斤，也就是说，不管是葱白还是葱叶都是1元钱一斤。而分开后，葱白却只卖7角，葱叶只卖3角，当然要赔钱了。

54.消失的10美元

答案：这是个误导的问题，这个问题乍看是这样的，但是实际要是490+490+10这样算的话就是偷换概念了。你这样想，约翰从爸妈那里借来的钱做什么了，是不是买了鞋子？那么鞋子的钱和约翰手里的钱加一起就是1000美元。约翰把剩的30美元进行分配，还给爸妈每人10美元的话，就等于约翰欠爸妈每人490美元，就是980美元，这980美元的总和就是你手里的10美元和鞋子的钱。所以没有差10美元。

55.时间谜题

答案：现在的时间是7点6分39秒。因为1999小时2000分钟2001秒是2032小时53分21秒，除去中间是12的倍数的2028小时，剩下的时间是4小时53分21秒。这个题可以解释为再过4小时53分21秒就是12点，那么，现在就是7点6分39秒。

56.蜗牛爬井

答案：八天。第一天晚上，蜗牛向上爬到3尺，第二天白天向下滑到1尺处，所以第一天蜗牛最高到3尺处；第二天晚上，蜗牛向上爬到4尺处，第二天白天向下滑到2尺处，所以第二天蜗牛最高到4尺处。依此类推，蜗牛爬到10尺处的时间是10-2=8天，即第八天晚上，因为当蜗牛在第八天爬到井口时，它不会再往下滑了。所以蜗牛用八天可以从井里爬出来。

57.最后剩下几号

答案：双数运动员出列时，教练要下5次令，最后只剩下一个人。此人在下5次令之前排序为2，在下4次令之前排序为4，在下3次令之前排序为8，在下2次令之前排序为16，在下1次令之前排序为32，即32号运动员。单数运动员出列时很简单，是1号运动员。因为不管队列中还剩多少人，他始终是第一个被点的单数。

58.必胜之道

答案：第一格里已经有一枚棋子，棋子的右面只有1111-1＝1110（个）空格。甲只要始终留给乙（1+7）＝8的倍数加1格，就可获胜。

(1111-1)÷(1+7)＝138余6。

所以甲第一步必须移5格，还剩下1105格。以后无论乙移几格，甲下次移的格数与乙移的格数之和是8，甲就必胜。

59.推算惨案时间

答案：作案时间是12:05。在分析问题的时候，最重要的是找到解决的思路，把看似复杂的问题分解成简单的部分处理。这是一个看起来复杂其实很简单的问题。计算方法很容易，从最快的手表（12:15）中减去最快的时间（10分钟）就行了。或者将最慢的手表（11:40）加上最慢的时间（25分钟）也可以得出相同的答案。

60.倒霉的商人

答案：88元。商人找出100−70−12=18（元），70+18=88（元）。

61.珠宝商人的宝石

答案：他有27颗紫宝石。因为他共有59颗宝石。但59不是9和4的整数倍。所以从59中一直减去4，直到余数是9的倍数，得27，所以他有27颗紫宝石。

62.同年同月同日生

答案：至少有两人。整个高校共有52×30=1560（人），1988年至1990年出生的人有1560×90%=1404（人），这三年中共有1096天，因此可以推出至少有两人同年同月同日生。

63.俄罗斯木匠

答案：他们合作造一所房屋所需要的时间是175.2天。

在12年内，第一个木匠可造12所房屋，第二个木匠可造6所，第三个木匠可造4所，第四个木匠可造3所，因而4个木匠在12年时间内共可造房屋25所。所以，他们合作造一所房屋所需要的时间是365（天）×12/25=175.2（天）。

上面的解题方法巧妙地利用了最小公倍数：取4个木匠造一所房屋所需要的时间的最小公倍数12年，在12年时间里各人所造的房屋数量都是整数，计算起来就方便了。

64.参加生日晚会的人数

答案：包括露丝在内，共有31人。

65.一群迷路的人

答案：第一队遇见第二队时，第一队已吃掉了1天的粮食，所剩下的只够第一队自己吃4天；但第二队加入之后只能吃3天，也就是说第二队在3天里吃的粮食等于第一队9个人一天吃的粮食，所以第二队有3个人。

66.猎人的战果

答案：0只。9只没有尾巴的，是指9的下部分去掉，也就是0只；8只半个的，也就是8去掉任何"半个部分"，即上半部分或者下半部分，都是0只；6只没有头的，是指6的上部分去掉，自然也同样是0只了。

67.分牛

答案：数学家从自己家里带来一头牛，加在一起共18头，这样，分给老大的1/2，是9头；分给老二的1/3，是6头；分给老三的1/9，是2头。这时正好还剩下数学家带来的那一头牛，所以他又把自己的牛牵回去了。至此，牛按遗嘱合理分配了。

68.农场主的家畜

答案：16头奶牛，342只绵羊，58头猪。

69.报数字的游戏

答案：策略其实很简单：你可以总是报到3的倍数为止。如果你的朋友先报，根据游戏规定，他或报1，或报1、2。若你的朋友报1，那么你就报2、3；若你的朋友报1、2，那你就报3。接下来，你的朋友从4开始报，而你可以根据情况，报到6为止。依此类推，你总能使自己报到3的倍数为止。由于30是3的倍数，所以你就总能报到30。

70.继承人的智慧

答案：红盒子里宝石的数量是12颗。因为拍掌的次数是21次，所以30颗宝石不会全放在红盒子里或者全放在蓝盒子里。我们知道，不管是往红盒子里放宝石还是往蓝盒子里放宝石，都要拍掌。但放在蓝盒子里的宝石数量要比红盒子里的多一颗。所以往红盒子里放的宝石数量是：(42-30)÷(2-1)=12(颗)。

71.是否应该跳槽

答案：不跳。因为他现任的公司工资待遇更高一些。

第一年：

A公司：50000元+55000元=105000元。

B公司：100000元。

第二年：

A公司：60000元+65000元=125000元。

B公司：120000元。

第三年：

A公司：70000元＋75000元＝145000元。

B公司：140000元。

依次推算，就会发现，A公司每年的工资都比B公司多5000元。

72.古钱币的交易

答案：他赔了5元。假设甲古币收购时花了A元，乙古币花了B元，那么，A（1＋20%）＝60，得A＝50，B（1－20%）＝60，得B＝75，A＋B＝125，因此赔了5元。

73.门牌号码

答案：琼斯太太家的门牌号码是1986。提示：9861－1986＝7875。

74.猫捉老鼠

答案：还是需要5只猫。5只猫5分钟可以捉5只老鼠，延长5分钟的话，还可以再捉5只，延长到100分钟，就可以捉100只了。

75.刁藩都的墓志铭

答案：84岁。

设刁藩都的寿命为x，即可将墓志铭翻译成数学的语言：

"他生命的六分之一是幸福的童年"，即为x/6。"再活了他生命的十二分之一，他长起了细细的胡须"，即为x/12。"刁藩都结了婚，可是还不曾有孩子，这样又度过了一生的七分之一"，即为x/7。"再过五年，他头胎得了儿子，他感到很幸福"，即为5。"可是命运给这孩子在这世界上的光辉灿烂的生命只有他父亲的一半"，即为x/2。"自从儿子死后，这老头儿在深深的悲痛中活了四年，也结束了尘世的生涯"，即为4。那么，刁藩都的寿命为：x＝x/6＋x/12＋x/7＋5＋x/2＋4。解此方程得：x＝84。所以，刁藩都的简单历史是这样的：他活了84岁，21岁结了婚，38岁做了爸爸，80岁的时候儿子死去。

76.找出数字的规律

答案：38。

从前面的数字可以归纳出规律：（ ）里的十位数比前面的数字的最后一位大1，个位数比后一个数第一位数大1。所以（ ）内的数是38。

77.猜年龄

答案：有这样几种可能答案：52和25，63和36，74和47，85和58，96和69。但与这位魔术师已经表演魔术的时间相一致的岁数是74和47。

78.戒烟

答案：有可能。只需要算一算第39根香烟后要等多久才能抽第40根香烟，即可知晓。要等的时间为：536870912秒＝149130.8小时＝6213.8（天），已经10年多了。能在这么长的时间不抽烟，想不戒烟也难。

79.看报纸

答案：4张。在第7页前有6页，在第22页后面也有6页，所以这份报纸共有28页。按照正常的报纸的版式，每4页1张，一共有7张，所以还有4张没有看。

80. 挂钟里的秘密

答案：如果把它设为21时35分15秒，就变成了6位数，即213515。

第二章　奇思妙想

——想象创新思维游戏

1. 猜大臣们的心里话

国王把一位据说十分神奇的巫师叫到大臣面前说："听说你聪明机智，我想考考你。"接着国王问诸位大臣："考他什么？"一位大臣说："就考考他，我们各位在想什么。如果他猜对了，我们每人给他10两黄金；如果他猜错了，他就给我们每人10两黄金。国王，您看行不行？"国王答应了。巫师说："我十分清楚诸位大人心里在想什么，我能把你们心里的话说出来。如果诸位大人认为我说错了，你们心里想的和我说的正好相反，那就请诸位立刻提出来。如果认为我说的不错，你们心里想的和我说的完全一致，那就请你们马上把金子给我。"过了一会儿，巫师说出了一段话，大臣们听了，都频频点头，没有一个说"不"的，全都乖乖地认输，给了金子。你认为巫师说的是什么话？

2. 中国旅行

前些日子，杰克与父母头一次来中国旅行，他们三人来到完全陌生的国度。由于语言不通，杰克的父母显得不知所措，只有杰克未曾感受到丝毫不方便，仿佛仍在自己的国家中。这是什么道理呢？

3. 蚂蚁的路

人类主要是通过语言进行交流和沟通的。那么其他的生物呢？它们也都有各自的交流和沟通的方式。

蚂蚁之间是通过它们的触角来相互沟通的。有一只蚂蚁在地下通道里爬行，这时对面又爬过来一只蚂蚁，因为通道非常狭窄，只容得下一只蚂蚁通过，所以必须有一只进行避让。这时候一只蚂蚁发现通道的一侧有一个凹进去的坑，大小刚好能容得下一只蚂蚁。可不幸的是，坑里有一粒沙子，如果把沙子移动出来呢，通道就被堵住了，还是无法通行。只是另外一只蚂蚁用触角碰了碰这只蚂蚁的触角，然后想出了通过的办法。

你知道通过的办法是什么吗？

4. 外星人的描述

外星人在观察了地球人的生活、工作状况之后，说了这样一番话："在纸上打个眼，同时为了便于知道这个眼在什么地方，就在它周围用线圈起来，这真是神奇的工具呀！"你知道外星人到底在描述什么东西吗？

5. 爱吃醋的女朋友

怀特是一个不折不扣的花花公子，在经历过多次恋情后，终于找到了一个他认为不错的女朋友。但是，这个女朋友有一个小缺点，就是爱吃醋。这天，他和现在的女朋友在一起吃饭的时候，一不小心把口袋里的东西全掏了出来。这些东西有酒吧的打火机、兑奖的奖券、便条和旧情人的照片。他在慌张之际，要用手去挡住一些东西，这样可以避免和女朋友之间的不愉快。那么，他用双手挡住的最有效的东西是什么呢？

6. 技术高超的化妆师

伍麦是一个技术高超的化妆师。这天，伍麦正在家里休息，忽然从门外闯进来一个人。这是一个逃犯，进入伍麦家以后，就拿着刀威胁伍麦给他化妆。他对伍麦说："我知道你是一个有名的化妆师，所以我才来找你的。"

伍麦知道，这个逃犯之所以来找自己，就是希望能够通过化妆来逃过警察的追捕。伍麦很聪明，没有多说什么，就拿起了化妆笔在逃犯的脸上不断地涂抹起来。化完以后，逃犯一照镜子，果然连他自己都认不出自己来。于是，他大摇大摆地走上了大街。但是，没走几步，这个逃犯就被警察抓住了。

那么，伍麦到底是用了什么方法呢？

7. 奇怪的时间

杨阳的书房里挂着一面大镜子，那面镜子对面的墙上挂着一个大钟，平时站在门外，就能从镜子里看到大钟上的时间。中午，儿子杨峥走进爸爸的书房叫他吃饭，看到镜子里大钟上显示的时间是12点11分，爸爸说让他们先吃，自己待会儿就来；过了20分钟后，杨峥又去叫爸爸吃饭，这次，他看到那个镜子里显示的时间是11点51分，他觉得很奇怪；40分钟后，杨峥又随着爸爸去书房，这次他看了那个镜子里显示的时间是12点51分。

杨峥很困惑，问道："爸爸，你能通过那面大钟知道时间吗？""当然能了！"爸爸回答道。

其实，这个大钟并没有人调过。那么，你能向杨峥解释一下这是怎么回事吗？

8. 两只鹦鹉

有一位驯兽师饲养了一只鹦鹉，不论谁跟这只鹦鹉讲话，它都能模仿得十分逼真。驯兽师曾带它到世界各地巡回演出，很受欢迎。几年后，该驯兽师又精心训练了一只很好的鹦鹉，当有人问它"今天天气怎么样"时，它会回答"是晴天，但下午恐怕有雨"。它不只是模仿，还会回答一些简单的问题。驯兽师同样把它带到世界各地演出，但这一次并不受欢迎。你认为这是什么原因造成的呢？

9. 无穷旅馆

这个问题把你引向奇异的无穷世界：你是一家无穷旅馆的经理，你的旅馆有无穷多个房间。无论旅馆有多么拥挤，你都能给新来的客人安排房间：只要简单地把1号房间的客人移到2号，2号房间的客人移到3号，3号房间的客人移到4号。以此类推，把所有的客人都用此方法安置好后，你就可以把新来的客人安排到1号房间。

不幸的是，当你打算去休假时，来了一批前来开会的客人，会议讨论的问题一定很热门，因为来了无穷多个人。你已经有了无穷多个客人，那么你怎么安排这批新客人呢？

10. 急中生智

有个农民挑了一对竹筐，赶集去买东西。当他来到一座独木桥上，对面来了个孩子，他想退回去让孩子先过桥，但是回身一看，后面也来了个孩子。正在进退两难之际，农民急中生智，想了一个巧办法，使大家都顺利地通过了独木桥，而且三个人之中谁也没有后退过一步。问：农民用的是什么办法？

11. 三姐妹吃橘子罐头

三姐妹准备分橘子罐头吃，罐头净重是320克，这显然较难精确地进行三等分。于是三人商定：由老大、老二先各吃100克，剩下的120克全部留给小妹妹吃。然而，轮到小妹妹吃的时候，她却生气了。这是怎么回事呢？

12. 找地方坐下来

一个人坐在屋中，另一个人能在屋中找到一个第一个人永远不能坐在那里的地方坐下来吗？

13. 弹力球搬家

一个杯子倒扣在一张桌子上，杯子里有一个弹力球。你怎样在不借助任何外物的情况下将这个杯子连同里面的弹力球挪到距离此桌子两米的另一张桌子上？要求弹力球不能从杯子里拿出来。

14. 杰克的父亲

杰克的父亲一只脚有毛病。杰克每日都开车到医院等爸爸一起回家。一天，杰克又来到医院，护士小姐对他说："你爸爸正在做手术。" 杰克若无其事地说："那好，等他做完手术我再来。" 杰克为什么似乎对父亲毫不关心呢？你能解释其中的原因吗？

15．怎样把鸡蛋带回家呢

在全球提倡环保的情况下，很多国家的便利店、超级市场都不提倡用塑料袋了。这天，杰克穿着背心、短裤，打完篮球准备回家时，想起了妻子交代要买的鸡蛋。于是，他便跑到便利店里买了10多个鸡蛋回家了。便利店没有袋子，杰克没有把自己的衣服脱下来装鸡蛋，也没有其他可以装鸡蛋的工具，但他还是把这些鸡蛋拿回家了。你知道杰克是怎样把鸡蛋拿回家的吗？

16．会模仿人的猴子

在动物园里，有一只猴子专爱模仿人的动作。人们逗它时，它的姿势、手势简直像一面镜子，立刻模仿得毫无差别。一个人走到猴子跟前，右手抚摸自己的下巴，猴子就用右手抚摸下巴；人闭上左眼，猴子闭上左眼；人再睁开左眼，猴子也立刻照办。可是，那里的饲养员却说："猴子再有本事，有一个简单的动作它却永远也模仿不来。不仅猴子办不到，人恐怕也办不到。"请问，到底什么动作那么难模仿呢？

17．如何让杯子滴水不减

如果让你用手把装满水的杯子倒转过来，一直拿着，而杯中的水一滴也不会减少，你能做到吗？当然，杯子上没有加盖子，而且杯中一定是液态的水，而非冰或水蒸气。

18．有自杀倾向的学生

有自杀倾向的哲学系学生A拿着遗书，深夜跑到公路上，对准两个急速向前奔驰的车前灯跳了出去。一眨眼间，车子从旁而过。如果A确实站在车子前面，难道车子会穿过身体吗？张开双眼的A，被吓得呆站在公路上。这究竟是怎么一回事？

19. 北极探险的故事

英国两个探险爱好者到冰天雪地的北极探险，被一条冰河挡住了去路。他们想游过去，但冰河很宽，水又很凉，很可能会被冻死。他们想要绕过去，可是沿着河岸走了半天，也绕不过去。"要是有树就好了。"一个探险家说，"我们有斧子、铁棍等工具，可以造一只木船。"可是，这里到处是厚厚的冰雪，上哪里去找树呢？

后来，另一位探险者想了一个办法过了河，他们没有用到树，而且他们的身体没有被河水沾湿，请问他们是用什么办法过河的？

20. 复写纸张

请发挥你的想象力：你在两张白纸之间夹上一张单面复写纸，然后，将这叠纸上下对折，把下半部分折在后面。如果你在第一张纸的上半部分写上自己的大名，那么，你能否想象得出来：你的名字将会复写出几份？它们会在哪儿出现？是朝什么方向的？

21. 公主的刁难

一位王子向智慧公主求婚。智慧公主为了考验王子，就让仆人端来两个盆，其中一个装着10枚金币，另一个装着10枚同样大小的银币。仆人把王子的眼睛蒙上，并把两个盆的位置随意调换，请王子随意从中选一个盆，从里面挑选出1枚硬币。如果选中的是金币，公主就嫁给他；如果选中的是银币，那么王子就再也没有机会了。王子说："能不能在蒙上眼睛之前，任意调换盆里的硬币组合呢？"公主同意了。

请问：王子该怎么调换硬币才能够确保更有把握娶到公主呢？

22. 智搬石头

公园里运来一些漂亮的花岗岩，其中一块重达15吨，另外一些是小的，小的花岗岩重量也有150千克左右。现在为了更加美观，园丁师傅想把这块大岩石放到小岩石上，但想要搬动这块15吨重的庞然大物似乎不太可能。刚巧有一位新来的园丁得知了此事，他两三下就将这块巨石搞定。你猜新来的园丁想了一个什么办法？

23. 会发声的陶瓷瓶

一位古董商正在与富翁谈生意，他告诉富翁自己有一件很值钱的陶瓷瓶，这个陶瓷瓶可以发出清脆的声音，但是里面什么东西也没有，富翁一听当然非常感兴趣，于是便花大钱买下了这件宝贝。拿回家轻轻一摇，里面果然有清脆的声音，他很好奇，想看看瓶子里究竟有什么东西，可是这个瓷瓶的盖子怎么也打不开。富翁好奇心切，最后把瓷瓶打碎了想一看究竟。结果什么都没有发现。那么，到底是什么东西发出的声音呢？

24. 取　网　球

网球比赛时，网球掉到了地面上的一个洞里，这个坑不仅弯弯曲曲，而且也不大，其直径只有20厘米左右。手不能进去把球取出，地面土质又硬又黏，也不好挖掘。你说在不损坏网球的前提下，能够将网球取出来吗？

25. 聪明的招待员

洛杉矶一家酒吧里，一位老牛仔在吧台上拿出1美元："伙计，来瓶啤酒。"

"普通的还是烈性的？"调酒师问道。

"它们的价格有什么不同吗？"老牛仔望着调酒师。

调酒师说："普通的90美分一杯，烈性的1美元一杯。"于是老牛仔给了调酒师1美元，要了一杯烈性酒。

过了一会儿，又有人来到吧台，递上了1美元，也要啤酒，调酒师一句话都没说，直接给了他一杯烈酒。

请问,调酒师为什么不经询问,就直接给后一个人拿烈酒呢?

26.羊 吃 草

放羊娃牵着羊来到一棵树下,他用3米长的绳子拴住羊脖子,让它在树下吃草,自己就割牧草去了。他把割来的牧草放在离树5米远的地方,又去继续割,但是,等他再回来时,羊却把他割好的牧草吃光了。当然,绳子很结实,也没有断,更没有人解开它。你知道羊是怎样吃到牧草的吗?

27.不见的西红柿汁

在澳大利亚的一个农场里,马里安家里自制了很多西红柿汁。有一天他的小儿子约翰站在窗下,可是淘气的哥哥汤姆却把西红柿汁朝弟弟的头上倒了下去。西红柿汁正好成一条线,落到约翰的头上。马里安先生急忙赶到窗户边一看,真奇怪!约翰的头上一滴西红柿汁也没有,地上也没有痕迹。请问,这是为什么?

28.摆放硬币

将10枚硬币按照"十"字形状排列,要求不论横着竖着数都是6枚。想一想该怎么摆?

29.追 车 人

一辆载满乘客的公共汽车沿着下坡路快速前进着,有一个人在后面紧紧地追赶这辆车子。一个乘客从车窗中伸出头来对追车子的人说:"老兄,算啦,你追不上的!""我必须追上它。"这人气喘吁吁地说。请你想象一下,到底会是什么原因,才使得这个人追车如此卖力?

30．难以想象的厚度

把一张普通的16开纸对折，这很简单，大家可能都试过。但是，假如给你一张边长为2米的正方形的超薄纸，让你对它实施10折以上，你能想象一下你能否办到吗？

31．杀手的失误

一名杀手潜入一栋豪华的别墅，目的是要暗杀住在别墅里的一个仇人。杀手悄悄地走到仇人的房门口，从钥匙洞里看见仇人正在打电话。杀手想，这倒也省事，于是便从钥匙洞里向房内射进了一枚毒针。他看到毒针正好射中仇人的胸部，但奇怪的是，仇人一点儿反应也没有，依然拿着电话在聊天。

那么问题出在哪里呢？

32．没被撞到的醉汉

公路上有一辆汽车飞驰，没有开灯。突然间，有一个穿黑衣服的醉鬼走到路中央。这时没有路灯，也没有月光。眼看那个人就要被汽车撞倒，但汽车忽然刹住了，是什么原因呢？

有人答："醉鬼手里有手电筒。"

有人答："因为醉鬼大声叫喊。"

但这些答案都不够准确，你知道正确答案是什么吗？

33．不洗脸的孩子

姐姐和妹妹一起在花园里干活儿，为小花除草。干完活儿后，姐姐的脸还是干干净净的，妹妹却一脸灰土，脏兮兮的。有趣的是，姐姐急忙跑去洗脸，妹妹却没有去洗脸。你说这是为什么？

34.奇怪的数据

一天数学课，老师教学生们测量数据，并希望能够借此机会提高学生们的数学能力。他向学生们解释说，大多数的东西都能够被测量。随后，老师布置了家庭作业，要求学生们自己独立完成一些测量的任务，并把测量的数据写下来。如计算面积、温度、重量等。总之，平日大家所接触的东西都可以测量。第二日，老师检查学生作业的时候，却发现了一组奇怪的数据：

7+10=5

6+8=2

8+8=4

5+7=12

3+10=1

4+11=3

老师很生气。这么简单的数学知识，自己的学生竟然都会算错。他责问这名学生："你是怎么计算的？6道题只算对了1道。"

但是这名学生却坚持说自己的计算是正确的，并对这些结果做出了一番解释。老师听完这名学生的解释后，不得不承认这名学生是正确的。你知道这名学生的这些数据是怎么得来的吗？

35.画中的景物变了

有一个特制的"画框"，乍看起来是一个一般的画框，可是到了第二天，画框内的风景并没有变化，但原来画上的一对男女却看不见了。为什么会这样呢？

36.招侦察员

某部招收一名侦察员。考试的方法是：凡是参加报考的人都被关在一间条件较好的房间里，每天有人按时送水送饭，门口有专人看守。谁先从房间里出去，谁就被录取。有人说头疼要去医院，守门人请来了医生；有人说母亲病重，要回去照顾，守门人用电话联系其母亲，发现她正在上班。其他人也提了不少理由，守门人就是不让他们出去。最后有个人对守门人说了一句话，守门人就放他出去了。这个人说的是什么？

37. 画平行线

桌上有一把没有洞的三角尺和一支铅笔。请你用它们来画平行线。怎么用三角尺都可以，但是一旦放在某个位置就不能再移动。铅笔一次只能画一条线。你知道怎么画吗？

38. 传达内容

在瑞士的一所外国语学院中住着四个中国人。A会说罗马尼亚语和德语，B会说德语和法语，C会说法语和意大利语，D则会说西班牙语和英语。在瑞士某地竖立着一块写有罗马尼亚文的招牌，A看了之后用德语告诉B。

请问，B如何将招牌上的内容传达给C和D？

39. 国王的两道难题

国王听说阿凡提聪明绝顶，专门为百姓排忧解难，打抱不平，心里很不高兴，于是叫人去把他找来，想刁难一下他。第二天，阿凡提来到宫中，国王便笑着对他说："阿凡提，听说你聪明绝顶，所以特意请你来为本王办两件事：你先给我盖一间天那样大的房子，然后再给我收集地那么重的粮食回来。"你能想到阿凡提是怎样巧妙地应付了国王的吗？

40. 生死赛跑

在非洲大草原上，有一只猎豹正在追赶一只羚羊。假设它们在100米直线上往返跑。猎豹1步跑3米，羚羊1步只能跑2米，但是猎豹跑2步的时候羚羊能跑3步。在这样的情况下，猎豹可以追上羚羊吗？

41. 射击的故事

有一个士兵刚学会开枪。现在他用眼罩把眼睛蒙上，手握一支枪。排长把他的帽子挂起来后，让这个士兵向前走了50米，反身开枪，要求子弹必须击中那顶帽子。

请问，这个士兵怎样做才能一定击中那顶帽子呢？

42. 哥俩儿吃零食

哥哥和弟弟都拿出相同数量的零用钱买点心吃。吃完后，哥哥对弟弟说："这些点心每个都是1元钱，而你一共比我多吃了2个，你再给我2元钱就公平了。"弟弟想了想觉得这样做很公平，就同意了。

那么，你认为这样做合理吗？

43. 两 岁 山

某个国家有一座山，海拔为12365英尺（1英尺约合0.3048米）。当地人根据这一数字，称它为"两岁山"。

你能想到这是什么原因吗？

44. 判 断 时 间

现在有一个能计时6分钟和一个能计时8分钟的沙漏，你能用这两个沙漏来准确地判断出10分钟的时间吗？

45. 青年烤火

　　一个冬天，一名青年骑马赶路，途中遇上大雨，当他来到一家小客店时，已经浑身湿透，冷得直发抖。但客店里挤满了人，他无法靠近火炉。于是他对店主大声说道："老板，请拿点肉去喂喂我的马。"店主奇怪地说："马不吃肉呀！"青年则说："你只管去喂就行了。"店主只得拿着肉出去喂马。你能猜出这名青年为什么要这样做吗？

46. 掉入咖啡杯里的手机

　　有个人不小心把自己的手机掉进装满咖啡的杯子里，他急忙伸手从杯子中取出手机。此时，不但他的手指没有湿，而且连手机也没有湿。这是为什么呢？

47. 肯尼亚动物园

　　肯尼亚天然动物园里，经常有不文明的游客向鳄鱼池内投掷物品。管理员想了很多办法，总是无法禁止。后来，有位管理员在布告牌上写了一句话，才禁止了这种不良风气。请你想一想这句话的内容。

48. 汽车司机

　　当有步行者横过公路时，车辆就应停在人行道前等待。可是偏偏有个汽车司机，当交叉路口上还有很多人横过马路时，他却突然撞进人群中，全速向前跑。这时，旁边的警察看了觉得无所谓，并没有制止他。

　　请问，这是为什么？

49. 丘吉尔的反击

英国议会大厅中,一场激烈的演讲正在进行中。此时的演说者是保守党议员乔因森·希克斯,只见他在台上唾沫四溅,声嘶力竭。而坐在台下的丘吉尔首相却不时摇头,表示反对。乔因森·希克斯于是颇为恼火,冲着丘吉尔不客气地说:"我想提醒尊敬的先生们注意,我只是在发表自己的个人见解。"丘吉尔不慌不忙的回击让演说者哑口无言。你知道丘吉尔是怎样巧妙反击这位演说者的吗?

50. 巴特的智慧

巴特的爸爸是个牧场主人,他养了20只羊。一天爸爸对巴特说:"如果你能让4个栅栏里都有20只羊,我就把整个牧场给你。"巴特并没有去别的地方买羊,却很快就使4个栅栏里都有了20只羊。

你知道他是怎么做到的吗?

51. 训练公鸡

印度的乌贾因国王想找一个最聪明的人来做宰相。这时,他听说某村有一个叫罗哈克的年轻人聪明绝顶,便想选该年轻人做宰相。为了考验年轻人的智慧,他叫人给年轻人送去了一只公鸡,要求他把公鸡训练成一只好斗的公鸡,但不准使用别的公鸡。你能想出罗哈克是怎样满足国王的要求的吗?

52. 战争与干旱

有一种说法:美国的南北战争,导致了世界上许多国家和地区的干旱情况减少。

你知道这是为什么吗?

53.救命电话

这是1953年11月13日凌晨2点发生在丹麦首都哥本哈根的事。一个孤独的老婆婆不慎在家中跌倒，一头撞在桌棱上，再也爬不起来，在绝望中，她看到了旁边的电话。她忍着剧痛，抓起话筒，拨了报警号码。

消防支队的值班员拉斯马森听到报警的电话铃声后，立即拿起话筒："喂，我是消防支队，请讲。"可是老太太濒临昏迷状态，无法很快回答拉斯马森的问题。这样一来，拉斯马森只能从话筒里听到那艰难的喘息声，他耐着性子呼叫了许久，终于，一丝微弱的声音传了出来："我不行了，快来救命……"

"你是谁？在哪里？""我是孤老太婆，在我家中，我跌倒了……""请告诉我们门牌号码，我们立即就去！""我……我记不清……""是在市区吗？""……是的，靠马路……灯太亮……我受不了……快来呀……"对方大概昏迷过去了，只能隐约分辨出电话里那喘息声。

救命如救火！但必须先查出老太太的住址才行。拉斯马森望着手中尚未挂断却无人答话的话筒，望着车库里严阵以待的十几辆消防车，果断地做出决定……结果他们找到了那个老人。他是用什么办法找到的呢？

54.角斗士

马刺曾是一名角斗士。一次，他被安排参加了团体角斗，在残忍的比赛中，他的同伴一个个都倒在了血泊里。这时对方也只剩下三个人，从个人的斗技来说，马刺技艺超群，力大过人，胜算的机会大些。但对方现在是三个人，而且都是强手，一个人是很难招架三个强手的攻击的。就在人们以为马刺要失败的时候，他急中生智，想了一个办法，居然获得了角斗的胜利。请问，他是怎么做的呢？

55.酒鬼喝酒

有半瓶酒，瓶口用软木塞塞住了。不敲碎酒瓶，不拔去塞子，也不准在塞子上钻孔，酒鬼如何将瓶内的酒喝光？

56.下沉的木块

有一个小木块浮在装水的容器中，在不把它往下压、不加重量的情况下，有办法使这小木块往下沉吗？

57.神 枪 手

4个杯子并排放在离神枪手5米远的地上，每两个杯子都间隔0.3米。神枪手站在原地不动，他只用了1支步枪和1颗子弹便打中了这4个杯子。你能想到他是怎么做到的吗？

58.包 装 心 理

法国一家汽车公司发现风挡玻璃运到汽车修理场时，损坏率高达3%。而包装是很好的，可以说万无一失：外面是厚纸盒，里面泡沫塑料作衬垫，纸盒上还印有醒目的"易碎品"字样。可是为什么搬运工人还是不注意轻拿轻放，以致损坏很多呢？一些专家经过认真分析，认为这是一个心理问题。后来，他们改进了包装，玻璃果然很少被打碎了。

请你想一想，他们改进后的包装是什么样的呢？

59.朝南的窗户

能否建造一所房子，使这个房子四面墙的窗户都朝向南呢？

60.分 辨 鸡 蛋

汤姆不小心把煮熟的鸡蛋和生鸡蛋混在了一起，这两个鸡蛋从外表上看不出来有什么不同，但汤姆又不想把两个鸡蛋打破。你能想出一个办法，帮汤姆把生、熟鸡蛋分开吗？

61. 分　汤

　　一间囚房里关押着两个犯人。每天监狱都会为这间囚房提供一罐汤，让这两个犯人自己来分。起初，这两个人经常会发生争执，因为他们总是有人认为对方的汤比自己的多。后来他们找到了一个两全其美的办法：一个人分汤，让另一个人先选。于是争端就这么解决了。可是，现在这间囚房里又加进来一个新犯人，现在是三个人来分汤。必须寻找一个新的方法来维持他们之间的和平。该怎么办呢？

62. 聪明的教练

　　在一次欧洲篮球锦标赛上，保加利亚队最后的一场小组赛，必须净胜对手5分才能确保出线，在比赛即将结束时，对方投中，由他们发后场球，这时他们只领先对手2分，当时的规则还没有3分球，时间显然不够了。这时，如果你是教练，你肯定不会甘心认输，如果允许你有一次叫停机会，你将给场上的队员出个什么主意，才有可能赢对手5分以上？

63. 仆人砍对了吗

　　一个人在大户人家里做仆人。主人给仆人一根3尺（1尺约合0.3333米）长、宽厚均为1尺的木料，让仆人把这块木料做成木柱。仆人就把这块木料放到秤上称了一下，知道这块木料重3千克，即将做成的木柱只重2千克。于是仆人从方木上砍去1立方尺的木材，但主人认为仆人这样做不合理。仆人该怎么向主人解释呢？

64. 波斯人的请求

　　古时候的印度在它周围各国中的名声很大，不少波斯人都想去印度定居。

一天，一群波斯人来到印度的京城附近时，被当地的卫兵拦住了。波斯人请求卫兵转告国王，他们希望到这个国家居住。卫兵头领便要他们派一名代表进王宫向国王请求。波斯人的代表来到王宫，告诉国王他们的来意，国王听了后思索了一下，便叫人端来满满一碗牛奶给该代表，说："这就是我给你的回答。"

代表便叫人找来了一样东西，并将这样东西慢慢撒在牛奶里，然后对国王说了一番话，国王竟然同意了代表的请求。你能判断出国王给牛奶的用意吗？该代表又是怎么说服国王同意他们在该地居住的呢？

65. 盲人赛跑

一名双目失明的中年人跟一名身体健全的青年赛跑，失明的人却赢了，这是怎么一回事？

66. 汽车过桥

一辆车身和货物共重5吨的汽车出发1小时后，来到一座桥前，只见桥头的牌子上写着："禁止5吨或5吨以上的汽车通过！"司机把车子停下来，故意考他的徒弟："你说能过去吗？"徒弟说："当然不能。"司机说："完全可以，我开给你看。"说着就把汽车往桥上开。请问，汽车能否开过桥去？为什么？

67. 刑警的破案秘诀

两男子因为偷窃嫌疑被逮捕，并在不同的房间接受审讯。两人都知道这个国家的法律规定，罪犯只要招供就能减轻刑罚，但是无论刑警如何审问，两人都一直保持沉默。不过，当刑警对两人低声耳语一件事之后，两人突然开始招供，事件真相终于大白。刑警到底说了什么呢？

68. 变形的木料

一个人有一些木料。星期一，这些木料的形状是立方体；星期二，这个人把这些木料的形状弄成了圆柱体；星期三，他又把这些木料弄成了锥形体。

虽然木料的形状变来变去，但这个人并没有对木料进行切割或雕琢。那么，他是怎么做到的呢？

69. 巧分混合物

有一堆由黄豆、细沙、铁屑、木屑、盐组成的混合物，你怎样用最便捷的办法把这五种物质各自分离开来呢？

70. 哪一只气球上升得快些

有两只大小相同的气球，里面装了同样重量的氢气，一只是白色的，一只是黑色的。在晴朗的白天，把它们同时放出去，请问哪一只上升得快些？

71. 用线提水

你能用一根线提起一杯水吗？（线不能绑任何东西。）

72. 雪地取火

在冰天雪地里没有火柴、打火机等常用的取火工具，还有什么方法可以取火吗？

73. 安全过桥

有一座短桥，载重不能超过三吨。前方开来一辆汽车，满载了三吨半的铁链，再加上汽车本身的重量，大大超过三吨的限定。应该怎样才能安全通过呢？

74. 数学教授的密码算术题

这天，国际数学会议在荷兰举行，一些在国际上享誉盛名的数学家应邀参加。肖恩教授作为数学界的泰山北斗也应邀来到了荷兰，他的一名学生随行。因为要在会议前熟悉会议流程，学生自告奋勇早起以便熟悉流程，好让肖恩教授多休息一会儿。可是，已经到了会议开始的时间，教授还没有过来，学生立即打电话过去，却始终无人接听。学生马上向大会主席说明情况，一行人驱车赶往酒店接肖恩教授。谁知，酒店房门大开，教授不知所踪，装着一份重要学术报告的箱子也一起消失了。书桌上有一个计算器，屏幕上显示101×5，学生立马就反应过来，并立即报了警。

学生根据什么判断教授出事了呢？

75．如何偷走轿车

维克是一个爱车如命的人。这一天，他驾着他那辆豪华型轿车，到一家咖啡店去赴约。因为咖啡店附近没有停车场，维克只好把车停在咖啡店门外。

他在咖啡店里和人正谈着生意，突然觉得还是把车放在停车场最安全，于是匆匆向对方道歉，请他稍等一下，三步两步赶出门去，可是他那辆豪华轿车已无影无踪了。

维克知道车被人偷了，立刻打电话报警。但是他无法理解的是咖啡店门外人来人往，非常热闹，而且这辆车的车门很牢，又加了防盗锁，一般人是无法打开的。

那么，窃车人是用什么方法在光天化日之下把汽车偷走的呢？请你帮助想想看。

76．一次成功的越狱

贾斯丁是一个高智商犯罪分子，他曾用电子计算机偷窃某国一家银行几十亿美元，甚至窃取某国的国防机密。当然，贾斯丁最终被警方抓获，并被法院处以终身监禁，关押在某国看守和保安系统最先进的监狱里。

监狱管理人员给贾斯丁安排了一间单人牢房，里面条件很好，有看书的地方、睡觉的地方，还有一间独立的厕所。贾斯丁在这里表现也很好，从不违反规定。

可令人难以置信的是两年后的一天晚上，贾斯丁竟然失踪了，准确地讲是他越狱逃跑了。

狱警在贾斯丁的床底下发现了一条通往监狱外长达二十米的地道。根据警方测算，挖一条如此长的地道，要挖出的土达七吨，可警方连一捧土都没找到，难道他把土吃了不成？

狱警马上请来了著名侦探福尔摩斯。福尔摩斯来到监狱后，经过仔细勘察，终于查明了真相。

贾斯丁是如何成功越狱的呢？

77. 无动于衷的船员

有一名男子从行驶中的船上跳进水里，不久又若无其事地爬上甲板，在一旁的船员目击后也丝毫没有表现出吃惊的样子。这到底是怎么一回事？

78. 难以置信的事情

一位男子关灯后上床睡觉了。第二天早晨，他打开收音机，听到广播说发生了一场可怕的惨剧，100多人在海上遇难了。他知道这全是他的错，可整个晚上他既没有醒来也没有梦游。这是怎么回事？

79. 争　　论

两名大学生争论：学习时可不可以吸烟。由于各执己见，相持不下，他们便一起去问他们的教授。学生甲问道："教授，我们学习时吸烟行吗？""不行！"教授生气地说。学生乙则向教授问了一句跟学生甲的问话意思一样的话，教授听了却说："那当然可以。"你能想出学生乙是怎样问的吗？

80. 被遗弃的孩子

乔治很小的时候就被遗弃了，从此他的生活便成了一场斗争。这不仅是为了自己，也是为了他的养父母。他杀死了养父母的孩子，养父母却依旧在辛苦地劳动，为的是使他能够生存下去并拥有一个家。乔治长大后，便离开了养父母，再也没有回去过。虽然乔治杀死了养父母的孩子，警方或者社会公益服务部门却都没有找过他的麻烦，这是为什么?

提示:

(1) 他的谋杀行为和他没达到法定年龄没有任何关系。

(2) 他的家庭有守时的美誉。

(3) 即使这些谋杀行为相当残忍，他的养父母也没有去控告他。

(4) 他从来没有参过军，也没有参加过任何社会公益服务。

(5) 他在春天出生。

本章答案

1.猜大臣们的心里话

答案:巫师的话大致是这样的:"在座诸位大人心里所想，我了如指掌，那就是:'我一生都会忠于国王，永远不会图谋背叛或造反。'"在国王面前，大臣们谁敢不同意呢?

2.中国旅行

答案:杰克是一名婴儿。

3.蚂蚁的路

答案:由一只蚂蚁把沙子搬出凹处，放在通道里，然后另一只蚂蚁进入凹处，再由那只蚂蚁推着沙子过凹处后暂停，然后另一只蚂蚁爬出凹处沿着通道爬走，最后那只蚂蚁将沙子再拖回凹处，自己走掉。

4.外星人的描述

答案:圆规。

5.爱吃醋的女朋友

答案:女友的眼睛。人都需要用眼睛看东西，因此遮住眼睛，怀特的女朋友就什么也看不见了。

6.技术高超的化妆师

答案:化妆师为了能让这个逃犯被抓住，特意把他画成了另外一个通缉犯的样子。

7.奇怪的时间

答案:因为杨峥是从镜子里看时间，而镜像是反着的。所以杨峥看到的12点11分，其实是11点15分；11点51分其实是12点11分，而12点51分却正好是12点51分。

8.两只鹦鹉

答案：这只鹦鹉只会说一国语言。前一只鹦鹉，到哪里都能模仿当地国家的语言，这样就显得很有趣。而后一只鹦鹉虽会回答问题，但它不会使用当地国家的语言，因此在国外的观众看来就没有什么乐趣了。

9.无穷旅馆

答案：你只要把客人移到号码是现在居住的房间号码的两倍的房间里就行了。1号房间里的客人移到2号房间，2号房间里的客人移到4号房间，3号房间里的客人移到6号房间。以此类推，最后，所有奇数号的房间都空了出来，就能安置所有新来的客人了。

10.急中生智

答案：让两个孩子分别坐在一个竹筐里，然后这个农民把竹筐前后调一下，这样两个孩子就换过来了，谁也不用后退了。

11.三姐妹吃橘子罐头

答案：老大、老二先各吃掉的100克全是橘子肉，而留在罐子里的净是些橘子汁，橘子肉几乎没有了。

12.找地方坐下来

答案：坐在第一个人的膝上。

13.弹力球搬家

答案：当弹力球在杯里时，它受到地球引力而要下坠，怎样让弹力球不从杯子里掉出来呢，只有给它一个横向的速度，这样它就不会掉下来了。可以摇动杯子，将这个弹力球弹起来，这样弹力球就会在杯子的壁上弹来弹去，而不会落到地上了。

14.杰克的父亲

答案：如果杰克的父亲是个医生，他正在给病人动手术，那么杰克当然就会若无其事了。

15.怎样把鸡蛋带回家呢

答案：杰克把篮球里的气放掉，把球压瘪，使球呈现出一个碗形，然后把鸡蛋放在里面。

16.会模仿人的猴子

答案：人紧闭两眼，猴子也紧闭两眼。可是，人什么时候睁开眼睛，猴子是永远不知道的。

17.如何让杯子滴水不减

答案：只要在一个盛满水的盆中将装满水的杯子倒过来即可。

18.有自杀倾向的学生

答案：急速向前奔驰的两个车前灯是两辆摩托车上的灯，它们并排穿过A的两侧。

19.北极探险的故事

答案：用冰造一条船，然后乘坐冰船过河。因为冰比水要轻，所以冰船是可以浮在水面上的。

20.复写纸张

答案：这叠纸上面会出现两份复写的名字，一份在上半张，这是正写的；另一份在下半张，为倒置的反写字。这里的问题关键是：复写的名字只会出现在第二张纸的正面。因为，不管你怎样折叠，复写纸的油墨面只接触第二张纸的正面。想通了这一点，此类问题就迎刃而解了，也会进一步改善你的空间想象能力。

21.公主的刁难

答案：王子可以在装有金币的盆里留1枚硬币，把另外9枚金币倒入另一个盆里，这样另一个盆里就有10枚银币和9枚金币：如果他选中的是那个放1枚金币的盆，选中金币的概率是100%。如果选中的是放19枚钱币的盆，摸到金币的概率最大是9/19。王子选中两个盆的概率都是1/2。所以，根据前面的概率，得出选中金币总的概率是100%×1/2+9/19×1/2=14/19。这样就远远大于原来未调换前的1/2。

22.智搬石头

答案：只要用铲子挖开巨石下方的土壤，把小岩石放进去就可以了。不要一味地想要把巨石搬到小岩石上。为什么不把小岩石放在巨石下方呢？

23.会发声的陶瓷瓶

答案：狡猾的商人在这个普通的瓷瓶里装了一些与瓷瓶材质相同的碎片，所以当富翁打碎了瓷瓶后，不可能从一堆碎片中发现他的骗人伎俩。

24.取网球

答案：可以。把水倒入坑洞中，因为洞壁是黏性土质，水不会渗入土中，网球就浮出来了。

25.聪明的招待员

答案：因为老牛仔拿的是一张1美元的纸币，而后一个人拿的却是美分凑成的零钱，并且在这些零钱里面，完全可以凑成90美分，所以如果他想要普通酒的话，直接给调酒师90美分就行了。既然给了1美元，那就是要烈性酒。

26.羊吃草

答案：绳子的一头虽然拴住了羊脖子，但是另一头并没有拴在树上。所以羊是自由的，能够吃到牧草。

27.不见的西红柿汁

答案：当西红柿汁流下来时，约翰朝上张大嘴，把流下的西红柿汁全部接住喝了。

28．摆放硬币

答案：可以在“十”字的中心位置摆放两枚硬币，这样10枚硬币不论横竖都是6枚了。

29.追车人

答案：因为他是这辆车的司机。

30.难以想象的厚度

答案：不能。无论纸多么薄，要对折八九次几乎不可能。每对折一次，页数就要翻一倍。对折9次后，就会有512页，顶得上一本厚书了，更别说10次以上了。所以，谁也不能做得到。

31.杀手的失误

答案：杀手心慌，看到的只是仇人映在镜子上的影像而已。

32.没被撞到的醉汉

答案：因为当时是白天。

33.不洗脸的孩子

答案：干完活儿后，没有来得及照镜子，姐姐看到妹妹脏兮兮的脸，以为自己的脸也是脏兮兮的，就急忙跑去洗脸。而妹妹看到姐姐的脸很干净，就以为自己的脸也干净，所以没有跑去洗脸。

34.奇怪的数据

答案：很多问题并不是表面看起来那样子的，只要我们找对匹配的钥匙就能解开谜题。这组数据是一组钟表的数据。17对应的是下午5点，14对应的是下午2点，16对应的是下午4点，13对应的是下午1点，15对应的是下午3点。

35.画中的景物变了

答案：可以肯定这个"画框"不是真正的画框，那么在屋子里面，什么地方既可以看见风景和人物又类似于画框呢？想到这儿，问题就豁然开朗了，把窗框当成画框，画框中的画，就是实际的风景，人物会随时变动，不受约束。

36.招侦察员

答案：他说："我不考了。"对一个放弃考试的人，守门人是可能放他走的。

37.画平行线

答案：把三角尺立着，然后在它的两侧各画一条线，就可以画出以尺的厚度为宽度的一组平行线。

38.传达内容

答案：可以用汉语传达。

39.国王的两道难题

答案：阿凡提不慌不忙地说："行，不过你得给我一把能够量天的长尺，我才好给你量量天有多高多宽，再按这个尺寸给你盖房；然后你再找一杆能够称地的秤，我才好称称地有多重，我按这个重量给你收集粮食。"国王一听，顿时目瞪口呆，无言以对，只好让阿凡提离去。

40.生死赛跑

答案：猎豹不能追上羚羊。羚羊跑100步刚好完成这段路程的来回，而猎豹却相反，它不得不跑到102米再回头，因为它跑33步到达99米，必须再跑1步，那样就超过了2米，所以猎豹必须跑68步才能完成全程，因为猎豹的速度只有羚羊的2/3，所以羚羊跑了100步的时候，猎豹还没有跑完67步。

41.射击的故事

答案：可以把帽子挂在士兵的枪口上，这样就能轻松做到了。

42.哥俩儿吃零食

答案：不合理。如果弟弟真的给哥哥2元钱，那么弟弟就付多了。因为点心是两个人合伙买的。本应该每人吃一半，但是弟弟比哥哥多吃了两个，也就是说弟弟从哥哥那里拿来了一个，所以只需把从哥哥那里拿的一个点心的钱还给哥哥就可以了，所以只需给1元，而不是2元。

43.两岁山

答案：当地人把前边的"12"看作一年的12个月，把后面的"365"看作一年的365天。前后加起来，正好是两岁。

44．判断时间

答案：在某一时刻，让两个沙漏同时开始测量。等6分钟的沙漏空了之后，立刻将它翻转，等8分钟的沙漏空了之后，再把6分钟的沙漏翻转。这时沙漏里的沙子正好可以流动两分钟，等它也漏空后，全部的时间正好是10分钟。

45．青年烤火

答案：店主一去喂马，客店里的人也都跟着前去看稀奇，青年便可以坐到火炉边烤起火来。

46．掉入咖啡杯里的手机

答案：杯子中的咖啡是固体粉末，所以，这个人的手指与手机都没湿。

47．肯尼亚动物园

答案：这句话是："凡向鳄鱼池内投掷物品者，必须自己捡回！"

48．汽车司机

答案：汽车司机没有开车。

49．丘吉尔的反击

答案：丘吉尔说："我也想提醒尊敬的演讲者注意，我只是在摇我自己的头。"

50．巴特的智慧

答案：他把4个栅栏修建成一圈套一圈的环形，在最里边的栅栏里放了20只羊。

51．训练公鸡

答案：罗哈克把公鸡放在一面大镜子前面，公鸡在镜子里看到自己的影子，以为是别的公鸡，就经常腾跳起来啄镜子，试图与镜子里的公鸡搏斗。这样训练了一段时间后，公鸡就变得勇猛好斗。当罗哈克把公鸡送还给国王时，国王见了十分满意。

52．战争与干旱

答案：在美国南北战争期间，有人发现，持续的炮击可以增加降雨量，由此人工降雨产生了。

53．救命电话

答案：拉斯马森让消防车拉响警笛沿街奔驰，因为老太太的电话未挂断，消防车一旦经过老太太所住的街道，警笛声就会通过老太太的电话传到值班室，一旦传入，即令消防车上的队员就近查找亮着灯的人家。

54.角斗士

答案：他摆脱对手，拔腿就跑，三个对手紧紧追赶。由于三个对手跑的速度不一样，四个人之间有了距离，他忽然返身迎战，各个击破。

55.酒鬼喝酒

答案：把塞子塞进瓶里去。

56.下沉的木块

答案：在容器底部打洞后，木块就会往下沉。

57.神枪手

答案：先用1颗子弹打中靠边的1个杯子，再把枪向另3个杯子扔去，用枪管和枪托打中那3个杯子。

58.包装心理

答案：他们改用透明塑料膜做包装，搬运工人一眼就能看到里面的玻璃，强化了"玻璃容易打碎"的心理，所以在搬运时会轻拿轻放，这样就很少打碎玻璃了。

59.朝南的窗户

答案：这个问题需要突破常规性的思维，跳出问题本身。这道问题的关键不在于如何建造房子，而是把房子建造在哪里。当你把这座房子建造在北极时，无论你把窗户设在哪面墙上，始终都是朝向南的。

60.分辨鸡蛋

答案：旋转鸡蛋，容易转起来的是熟鸡蛋，很难旋转起来的是生鸡蛋。因为煮熟的鸡蛋的蛋白和蛋黄是一个整体，容易转动；而生鸡蛋的蛋黄和蛋清是液体，所以转起来比较难。

61.分汤

答案：甲分，乙、丙挑，余一给甲。然后，乙、丙混汤，再按二人法分。

62.聪明的教练

答案：让队员投入自己篮筐里一个2分球，使比分相同，通过加时赛，还有取胜的可能。

这道题的背后讲述的是一个真实的故事：当时保加利亚队正在进行着一场比赛，这位聪明的教练叫了一次暂停，暂停结束后，他们发球，一名队员接球后故意将球投入了自己的篮筐。比分平了，结束时间也到了。双方战平，打加时赛。在加时赛中，保加利亚队一鼓作气打得相当出色，最后以领先8分赢得了比赛。

63.仆人砍对了吗

答案：仆人可以做一个箱子，保证箱子内部的尺寸与最初的方木相同，然后将雕刻好的木柱放入箱子内，再向箱子里加入沙土，直至把箱子完全填实，并且使箱内沙土与箱口齐平。之后木匠可以轻轻将木柱取出，保证不带出沙粒，再把箱内的沙土捣平，量出剩余的深度为1尺，即木柱所占的空间为2立方尺。即证明仆人砍的没错。

64.波斯人的请求

答案：国王的意思是说：他的国家的人口已经多得不能再容纳任何人了，就像这碗牛奶满得不能再装一样。代表便叫人找来了一撮白糖，并将白糖慢慢撒在牛奶里，牛奶并没有溢出来，代表便向国王说："陛下请看，虽然这碗牛奶很满，但是我仍然能加进白糖，这样做牛奶不但不会溢出来，而且味道变甜了。我们来到您的国家，不会成为贵国百姓的负担，相反还能进行文化交流，就像这牛奶中的白糖一样。"国王听了如此巧妙的回答，佩服之下立即同意让这群波斯人在他的国家居住。

65.盲人赛跑

答案：在伸手不见五指的晚上赛跑。

66.汽车过桥

答案：这辆汽车可以开过桥去。这辆汽车虽然最初车身和货物共重5吨，按规定是不能过桥的，但它已经行驶了1小时，消耗了一些汽油，总重量就不到5吨了。

67.刑警的破案秘诀

答案：刑警说的是："那家伙开始招认一切了。"两人共同犯案时，如果两人都伪装不知，罪行可能就被掩盖，但如果其中一人为减轻罪行，声称自己只是共犯而招认一切，另一人的罪会比共犯重。刑警正是洞悉了犯罪嫌疑人的不安感，成功地引诱两人认罪。

68.变形的木料

答案：这些木料是锯末，放在什么样的容器里就有什么样的形状。

69.巧分混合物

答案：①用筛子把黄豆筛出来（分离黄豆）；②用磁铁吸附铁屑（分离铁屑）；③把混合物倒进水里，把浮在水上的木屑分离出来（分离木屑）；④把水倒进一个敞口容器，留下底下的细沙（分离细沙）；⑤把容器里的水放到太阳下晒干或加热，把溶化在水里的盐重新分离出来（分离盐）。

70.哪一只气球上升得快些

答案：黑色气球上升得快些。因为在阳光照射下，黑色气球吸热能力强，膨胀后的体积更大，浮力也更大，升得就更快。

71.用线提水

答案：把线的一头放进水杯里，然后将整杯水和线一起放进冰箱，等水结冰后，线就可以把冰连杯提起。

72.雪地取火

答案：用冰作透镜，使太阳光通过透镜聚焦而引火。

73.安全过桥

答案：铁链的总重量虽然很大，但是重量是分布在全部长度上的。所以，可以把铁链放在地上，由汽车拖着过桥，使分摊在桥上的重量不超过桥的载重。等过了桥，再把铁链装到车上。

74.数学教授的密码算术题

答案：101×5=505，"505"在计算器液晶显示屏上，就像紧急求救信号"SOS"，教授用这样的方法表示自己被绑架了。

75.如何偷走轿车

答案：只要在汽车上挂上"违例停车"的牌子，就可用其他汽车把这辆车当众拖走，行人一般都不会注意这种事。

76.一次成功的越狱

答案：贾斯丁每天上厕所时，将挖出来的土一点一点地带出来，然后从厕所冲走。

77.无动于衷的船员

答案：那名男子是从豪华游轮上的跳水板跳入船上的游泳池里。无论是垂钓的船还是豪华客船，都是船。能就"船"这个字进行多方联想的孩子，一定是一个会动脑筋的孩子。

78.难以置信的事情

答案：他是灯塔控制员，他的任务是让灯塔上的灯永远亮着。他在上床睡觉前，心不在焉地关掉了导航灯，一艘船撞到礁石上，导致严重的后果。

79.争论

答案：学生乙是这样问的："教授，我们吸烟时学习行不行？"

80.被遗弃的孩子

答案：乔治是只布谷鸟，守时指的是布谷鸟时钟。

第三章　逻辑谜题
——逻辑推理思维游戏

1. 三个学生分别来自哪个国家

哈佛大学的学生来自于不同的国家。

迈克、查理、詹姆斯三个学生，他们当中一个是美国人，一个是法国人，一个是英国人。已知：迈克不喜欢面条，詹姆斯不喜欢汉堡；喜欢面条的不是法国人，喜欢汉堡的是英国人；查理不是美国人。你能推测出这三个学生分别来自哪个国家吗？

2. 谁点了鱼和鸡

甲、乙、丙三个人晚上经常一起去餐厅吃饭，他们每个人要的菜不是鱼就是鸡。后来他们发现：

（1）如果甲要的是鱼的话，那么乙要的就是鸡；

（2）甲和丙喜欢要的是鱼，但是两个人不会都要鱼；

（3）乙和丙两个人不会都要鸡。

那么，根据这些你能判断出，谁可以今天点鸡、明天点鱼呢？

3. 三个美国小伙子开枪决斗

三个美国小伙子同时爱上了一个姑娘，为了决定他们谁能娶这个姑娘，他们决定用手枪进行一次决斗。迈克的命中率是30%，约翰比他好些，命中率是50%，最出色的枪手是汉克斯，他从不失误，命中率是100%。由于这个显而易见的事实，为公平起见，他们决定按这样的顺序：迈克先开枪，约翰第二，汉克斯最后。然后这样循环，直到他们只剩下一个人。那么这三个人中谁活下来的机会最大呢？他们都应该采取什么样的策略？

4. 天使与魔鬼

一个旅行家遇到了三个美女，他不知道哪个是天使，哪个是魔鬼。天使常常说真话，魔鬼只说假话。

甲说："在乙和丙之间，至少有一个是天使。"

乙说："在丙和甲之间，至少有一个是魔鬼。"

丙说："我告诉你正确的消息吧。"

你能判断出有几个天使吗？

5. 无法完成的课堂作业

数学课上，老师开始布置课堂作业，他说："请同学们把课本翻到72页和73页之间，完成那页上的几道练习题。"

爱丽丝听了以后，连题都没有看，就对老师说："您布置的题目根本就没有办法完成。"爱丽丝为什么会这样说呢？

6. 后天星期几

如果今天的前五天是星期六的前三天，那么后天是星期几？

7. 两个时钟

有位探险家携带两个时钟送给住在沙漠的居民。可能是因为天气的原因，其中一个时钟一天慢一分钟，另一个时钟则完全停止不动。当地的这个居民说，请给我能告诉我较多次正确时间的那个时钟。

你知道最后那个居民拿了哪个时钟吗？

8. 循 环 赛

五个球队进行篮球比赛，每队互赛一场进行循环赛。比赛的结果如下：

甲队：2胜2败；乙队：0胜4败；丙队：1胜3败；丁队：4胜0败。请问，戊队比赛的结果是怎样的？

9. 从哪一个门进去

古时候西方有个岛国叫荒唐国，这个国家发生了一些稀奇古怪的事情。"难不倒"是个大旅行家，他来到了荒唐国。他在一家饭店吃完饭后想上厕所。他按照服务员的指引，走到了三间房的前面，一看，三个门上分别写着："此门不通厕所""此门不通厕所""第一个门通厕所"。

服务员告诉"难不倒"，上面三句话只有一句是对的，走错了门可就糟啦。好个"难不倒"，果然名副其实，一会儿就进了厕所，并且还没走错门。

厕所该从哪儿进呢？

10. 兄弟姐妹

一群孩子是兄弟姐妹，其中有姐弟两人在说话，弟弟说自己所拥有的兄弟的人数比姐妹的人数多一个，那么，姐姐所拥有的兄弟比姐妹多几个呢？

11. 她能离婚吗

美国艺术界的离婚率高得出奇。一名女画家对一名律师说："我们夫妻俩对每件事的意见都有分歧，一年到头吵个不停。我想离婚，行不行？"律师考虑了一下，回答说："那是不可能的。"你知道律师这样回答的根据是什么吗？

12. 女星的年龄

四个人在议论一位女明星的年龄。甲说："她不会超过25岁。"乙说："她不会超过30岁。"丙说："她绝对在35岁以上。"丁说："她的年龄在40岁以下。"实际上四个人中只有一个人说对了，你知道是谁吗？

13. 如何让妈妈归还零花钱

一位妈妈没收了孩子的零花钱，孩子纠缠不休。于是妈妈对孩子说："我是会把零花钱还给你，还是不还给你？你答对了，我就把零花钱还给你。"聪明的孩子对妈妈说了一句话，妈妈无奈地把零花钱还给了孩子。这句话是什么？

14. 聚会的难题

有三个朋友，想商量一下什么时候出去聚会一次。但是三个人的性格不同，所以观念也不一样。

甲说他在晴天和阴天是可以聚会的，但是在雨天是绝对不出去的；乙说他在阴天和雨天是可以聚会的，但在晴天有事情要做，是不能聚会的；丙说在雨天聚会的话是可以参加的，但在阴天聚会的话绝对不去。

请问，他们有时间聚在一起吗？

15. 说一件令富翁不相信的事

一名穷小子要娶富翁的女儿，富翁不同意，便对穷小子说："要我同意把女儿嫁给你，除非你能说出一件令我不相信的事。"穷小子于是说了一句话，富翁听了不得不答应这桩婚事。你能想出穷小子说的是什么话吗？

16. 母子之间的诡辩

从前世界尚未太平时，有位母亲要制止一心一意想出外旅行的儿子。她说："如果你的个性过于正直，就会遭到别人的伤害；若是不正直，则会引起神的愤怒，招来伤害。所以，不论怎么样你都会受伤，还是打消出去的念头吧！"儿子一时之间不知如何回答，但是聪明的他很快便针对母亲理论的盲点加以反驳，终于说服母亲让其出外旅行。他究竟是如何回答的呢？

17.裙子的颜色

漂亮的琳达买了一条裙子，让大家猜是什么颜色的。玛丽说："琳达一定不买红色的。"大卫说："不是黄的就是黑的。"乔治说："那一定是黑色的。"

以上三个人说的话中至少有一句是对的，至少有一句是错的。你能推断出琳达买的裙子到底是什么颜色的吗？

18.问的学问

国王把一个外乡人和两个奴隶关在同一间房子里，并告诉外乡人："这间房子有两扇门，从一扇门出去可以获得自由，从另一扇门出去只能沦为奴隶。这两个奴隶，一个从来不说谎话，另一个却从来不说真话。"说完，国王转身就走了。外乡人事先根本不知道从哪扇门出去可以获得自由。这间房子里只有两个奴隶知道门的秘密。按照国王的规定，这个外乡人只能向其中一个奴隶询问，只能提一个问题，而且他不知道两个奴隶中哪一个是说真话的。你知道这个外乡人用什么方法才使自己重新获得了自由吗？

19.校长选老师

学校来了A、B、C、D、E五位应聘舞蹈老师职位的女士。她们当中有两位年龄超过30岁，另外三位小于30岁。而且有两位女士曾经是老师，其他三位是秘书。现在只知道：A和C属于相同的年龄档；而D和E属于不同的年龄档；B和E的职业相同；C和D的职业不同。但是校长只想挑选一位年龄大于30岁的老师任舞蹈老师。

那么，你认为会是哪位能被校长选中呢？

20.小岛方言

一个晴朗的日子，一条船由于缺乏饮用水，在一个岛上靠了岸。这个岛上的人一部分总是说真话，另一部分总是说假话。可是，从表面上根本无法将他们区分开来。他们虽然听得懂汉语，却只会说本岛方言。船员们登陆后发现一眼泉水，可是不知道这里的水能不能喝。这时，他们恰巧碰到一个本地人，便问道："今天天气好吗？"本地人答道："呜呜哇哇。"再问："这里的水能喝吗？"本地人答道："呜呜哇哇。"已知"呜呜哇哇"这句话是岛上方言的"是"或"不"中的一个。你认为这里的水究竟能喝吗？

21. 生育法规

一个国王打算增加国家中妇女的人口，使之超过男子的人口，从而让男人能有更多的妻妾。为了达到这个目的，他颁布了如下的法规：一位母亲生了第一个男孩后，她就立即被禁止再生孩子。国王论证道：通过这种方法，有些家庭就会有几个女孩而只有一个男孩，但是任何家庭都不会有一个以上的男孩。用不了多长时间，女性人口就会大大超过男性人口。你认为国王的这条法规会产生预期的效果吗？

22. 孰男孰女

有这样一个家庭，其成员只有A、B、C、D、E、F、G兄弟姐妹七人。在七人中，只知道：①A有三个妹妹；②B有一个哥哥；③C是女的，她有两个妹妹；④D有两个弟弟；⑤E有两个姐姐；⑥F是女的，她和G都没有妹妹。你能判断出这个家庭中有几男几女，谁是男谁是女吗？

23. 判断间谍

马德里的一个旅馆在"二战"期间经常有战争各方的间谍居住，而在那里，西班牙的一位便衣警官也会监视着他们。以下是1942年的某天晚上，旅馆的第一层房客分布情况：

（1）英国MI6特务的房间在加西亚先生的正对面，后者的房间号要比罗布斯先生的房间号小2；

（2）6号房间的德国SD间谍不是罗佩兹；

（3）德国另一家间谍机关阿布威的间谍行动要非常小心，因为2、3、6号房间的人都认识他；

（4）毛罗斯先生的房间号要比苏联GRU间谍房间号大2；

（5）法国SDECE间谍的房间位于鲁宾和美国OSS间谍的房间之间，美国OSS间谍的房间是三者中房间号最大的。

姓名：戴兹，加西亚，罗佩兹，毛罗斯，罗布斯，鲁宾；间谍机构：阿布威，GRU，M16，OSS，SD，SDECE。

请你说出各个间谍的房间号以及他们分别为谁工作。

24. 法官断案

有个法院开庭审理一起盗窃案件，某地的A、B、C三人被押上法庭。负责审理这起案件的法官是这样想的：肯提供真实情况的不可能是盗窃犯；与此相反，真正的盗窃犯为了掩盖罪行，一定会编造口供。因此，他得出了这样的结论：说真话的肯定不是盗窃犯，说假话的肯定就是盗窃犯。审判的结果也证明了法官的这个想法是正确的。

审问开始了。

法官先问A："你是怎样进行盗窃的？从实招来！"A回答了法官的问题："叽里咕噜，叽里咕噜……"A讲的是某地的方言，法官根本听不懂他讲的是什么意思。法官又问B和C："刚才A是怎样回答我的提问的？叽里咕噜，叽里咕噜，是什么意思？"B说："禀告法官，A的意思是说，他不是盗窃犯。"C说："禀告法官，A刚才已经招供了，他承认自己就是盗窃犯。"B和C说的话法官是能听懂的。听了B和C的话之后，这位法官马上断定：B无罪，C是盗窃犯。

请问：这位聪明的法官为什么能根据B和C的回答，做出这样的判断？A是不是盗窃犯？

25. 鸟儿捉虫子

有3只鸟（喜鹊、乌鸦、麻雀）在树林中捉虫子，它们每只都捉到1~3条虫不等，即它们可能各捉到相同数量的虫子，也可能捉到不同数量的虫子。回来的路上，3只鸟说了下面的话，关于比自己捉虫多的一方说的话就是假话，此外的话都是真话。

喜鹊："乌鸦捉到了2条虫子。"乌鸦："麻雀捉到的不是2条虫子。"麻雀："喜鹊捉到的不是1条虫子。"请问，它们各自捉了多少条虫子？

26. 情人节买花

情人节的黄昏，克林顿在一条陌生的街道上，想要找一家花店为他的女朋友买一大束鲜艳的玫瑰。在他的对面是五家连在一起的店面，都没有招牌也没有玻璃橱窗，他看不到里面的任何东西。

他知道这五家店分别是茶店、书店、酒店、旅店和花店，并且知道：茶店不在花店和旅店的旁边；书店不在酒店和旅店的旁边；酒店不在花店和旅店的旁边；茶店的房子是上了颜色的。他的女朋友还在等着他，他没有足够的时间一家一家地进去看。

你能在最短的时间里找出花店，帮助克林顿买到鲜艳的玫瑰吗？

27. 通往出口的路

一位探险家去寻宝，在一大片原始森林里迷了路。他在里面走了很久，一直没有找到出口。这可把他吓坏了。这时，他来到一个三岔路口旁，发现每个路口都写了一句话，第一个路口上写着："这条路通向出口。"第二个路口写着："这条路不通向出口。"第三个路口上写着："另外两个路口上写的话，一句是真的，一句是假的。"如果第三个路口上的话是正确的。那么，探险家要选择哪一条路才能走出去呢？

28. 戴帽子的囚犯

有一个牢房，有三个犯人关在里面。因为玻璃很厚，所以三个人只能互相看见，不能听到对方说话的声音。

有一天，国王想了一个办法，给他们每个人头上都戴了一顶帽子，只让他们知道帽子的颜色不是白的就是黑的，不让他们知道自己所戴的帽子究竟是哪种颜色。在这种情况下，国王宣布两条规则：

第一，谁能看到其他两个犯人戴的都是白帽子，就释放谁；

第二，谁知道自己戴的是黑帽子，就释放谁。

其实，国王给他们戴的都是黑帽子。只不过他们被绑着，看不见罢了。于是他们三个人互相盯着不说话。可是不久，犯人都被释放了，你知道是怎么回事吗？

29.谁怀疑丈夫有外遇

A、B、C、D 4位女士去参加一个晚会。

到晚上8点为止，A女士和她的丈夫已经到达晚会大厅，出席者不超过100人，所有的人都分成小组交谈，每组都正好是5个人。

到晚上9点为止，所有参加晚会的人中，只有B女士和她的丈夫是晚于晚上8点到达的，与会者继续分成小组交谈，每个小组正好4个人。

到晚上10点为止，所有参加晚会的人中，只有C女士和她的丈夫是晚于晚上9点到达的，与会者继续分成小组交谈，每个小组正好3个人。

到晚上11点为止，所有参加晚会的人中，只有D女士和她的丈夫是晚于晚上10点到达的，与会者继续分成小组交谈，每个小组正好2个人。A、B、C、D中有一女士总怀疑她的丈夫有外遇，因此她计划让她丈夫单独先去晚会，而自己则较他晚到一个小时。但最后她改变了主意。

如果这个怀疑丈夫有外遇的女士的计划实行的话，那么，在上面提到的4个时间中的某一个时间，包括这个女士的丈夫而不包括她本人在内的所有与会者，在分成小组交谈时，小组的数目和每个小组的人数不可能都相同。例如，不可能小组的数目是4，每个小组的人数也都是4，等等。

根据以上这些条件，你能确定A、B、C、D 4人中，谁是那位怀疑丈夫有外遇的女士呢？

30.三人打赌

一对夫妇特别喜欢和人打赌。一天，他们遇到一位智者，三人在一起猜测次日的天气，并愿意为之打赌。

丈夫先对智者说："如果明天不下雨，我给你200元；如果明天下雨，你给我100元。"

在丈夫心里，明天不下雨的可能性小，而明天下雨的可能性大；可是在妻子心里却不然，她觉得明天不下雨的可能性大，而明天下雨的可能性小。于是，妻子对智者说："如果明天下雨，我给你200元；如果明天不下雨，你给我100元。"

如果你是智者，是否愿意与这对夫妇打赌？

31. 巧分硬币

桌上有23枚硬币，其中10枚正面朝上。假设蒙住你的眼睛，而你的手又摸不出硬币的正反面。如何才能把这些硬币分成两堆，使每堆正面朝上的硬币的个数相同？

32. 半箱橘子

往一个箱子里放橘子，假定箱子里的橘子数目每分钟增加一倍，一小时后，箱子满了。请问，在什么时候是半箱橘子？

33. 公主选心上人

一位国王想要把自己漂亮的女儿嫁给全世界最聪明的人，可是他不知道用什么方法来选择。这时，公主想到了一个好主意：公主有三个珠宝盒，一个是金的，一个是银的，一个是铜的。在这三个盒子的某一个中，藏有公主的画像。公主要求追求者在这三个盒子中选择一个，如果他有足够的运气，或者足够的智慧，挑出藏有公主画像的那个盒子，他就能娶公主为妻。在每个盒子的外面，写有一句话，内容都是有关本盒子是否装有画像。内容如下：

金盒子：画像在此盒中。银盒子：画像不在此盒中。铜盒子：画像不在金盒子中。

公主告诉追求者，上述三句话中，只有一句是真的。这个追求者应该选择哪个盒子才能成为幸运者呢？

34. 出海遇难的幸存者

　　一艘出海打鱼的船只遇到了暴风雨，渔船被打翻了。幸存者漂流到一座神秘的小岛上，这座岛上有一个魔鬼，他总是说假话；有一个凡人，他有时候说真话有时候说假话；有一个天使，他总是说真话。

　　甲说："我不是天使。"乙说："我不是凡人。"丙说："我不是魔鬼。"

　　如果幸存者能分辨出他们三个的身份，那么天使将会帮助他回家。

　　那么，你知道甲、乙、丙的真实身份吗？

35. 给恋人献歌一曲

　　五个男人打算向各自的恋人献上一首歌来表达爱意。根据下面的信息，请你说出他们的名字、他们恋人的名字、他们是怎么相遇的，这五个男人分别打算唱什么歌。

　　(1) 塞恩娜不是西欧卫的恋人，她将要听到的也不是《我发誓》这首歌。

　　(2) 安顿尼尔在买黄瓜时偶遇恋人，他不准备唱《惊奇》和《忠诚》。

　　(3) 多纳特罗准备给他的恋人唱《永远》这首歌，他们不是在给摩托车加油的时候认识的。

　　(4) 艾丽娜将会听到《呼吸》这首歌。

　　(5) 西欧卫的恋人不是玛若。

　　(6) 里欧的恋人是多娜特，他不是在看足球赛的时候遇见她的——看足球赛的那个女人将听到恋人给她唱《我发誓》。

　　(7) 莫尼卡和男朋友是在买香烟时认识的，她将听到的歌是《惊奇》。

　　(8) 有一对恋人是在葡萄酒酿造厂认识的。

　　(9) 有一个男人名叫弗瑞泽欧。

36. 克林顿夫妇请吃饭

　　某日，克林顿夫妇邀请了三对夫妇来吃饭，他们分别是史密斯夫妇、布莱克夫妇和格林夫妇。用餐时，他们八人有序地坐在一张圆桌旁，且只有一对夫妇是被隔开的，现已知：

（1）克林顿太太对面的人是坐在史密斯先生左边的先生。

（2）布莱克太太左边的人是坐在格林先生的对面的一位女士。

（3）格林先生右边的人是位女士，她坐在克林顿先生左边第二位置上的女士的对面。

请问，哪对夫妇在安排座位时被隔开了？

37．爱因斯坦的谜题

这是爱因斯坦在20世纪初出的谜题，据说当时世界上有98%的人答不出来。

已知：

（1）在一条街上，有五座房子，喷了五种颜色。

（2）每座房子里住着不同国籍的人。

（3）每个人喝不同的饮料，抽不同品牌的香烟，养不同的宠物。

提示：

（1）英国人住红色房子。

（2）瑞典人养狗。

（3）丹麦人喝茶。

（4）绿色房子在白色房子左面隔壁。

（5）绿色房子的主人喝咖啡。

（6）抽Pall Mall香烟的人养鸟。

（7）黄色房子的主人抽Dunhill香烟。

（8）住在中间房子的人喝牛奶。

（9）挪威人住在第一座房子里。

（10）抽Blends香烟的人住在养猫的人的隔壁。

（11）养马的人住在抽Dunhill香烟的人的隔壁。

（12）抽Blue Master香烟的人喝啤酒。

（13）德国人抽Prince香烟。

（14）挪威人住在蓝色房子的隔壁。

（15）抽Blends香烟的人有一个喝水的邻居。

请问，谁养鱼？

38.杰克与约翰的关系

詹姆斯看见杰克的日记本上写着约翰的名字，很好奇，就问约翰是杰克的什么人。杰克坏笑了一下，答道：约翰的儿子是我的儿子的父亲。詹姆斯想了想，就笑着拍了一下杰克的肩膀。那么，你知道杰克与约翰的关系是下面哪一个呢？

A．杰克是约翰的祖父。

B．杰克是约翰的父亲。

C．杰克是约翰的儿子。

D．杰克是约翰的孙子。

E．杰克就是约翰。

39.活了多少岁

有个人生于公元前10年，死于公元10年，而且他死的那一天正好是他生日的前一天。那么，此人死时到底是多少岁？给你30秒时间，尽快算出答案吧！

40.衣着规定

欧洲的一所学校的男生宿舍楼前贴了一张关于"衣着规定"的布告：

（1）16岁以上的男生才能穿燕尾服。

（2）15岁以下的男生不准戴大礼帽。

（3）星期六下午观看棒球比赛的男生必须戴大礼帽，或穿燕尾服，或两者俱全。

（4）带同伴的，或16岁以上的男生，或两条都具备者，不准穿毛衣。

（5）男生们一定不可以不看球赛或不穿毛衣，或者既不看球赛也不穿毛衣。

请问，星期六下午观看棒球赛的男生的穿戴情况如何？

41. 园艺讲座

园艺讲座的讲师说："桃子、栗子要3年成熟，柿子要8年，苹果要15年才能结出果实，因此，如果各位现在开始在家里培育种子的话，第15年开始，每一年都可以同时吃到四种水果了。"

听完讲师的话，观众中有人忍不住笑了起来。这是为什么呢？

42. 王先生的妻子

王先生认识赵、钱、孙、李、周五位女士，其中一位是他的妻子。

（1）五位女士分为两个年龄档：三位女士小于30岁，两位女士大于30岁。

（2）两位女士是教师，其他三位女士是秘书。

（3）赵和孙属于相同年龄档。

（4）李和周不属于相同年龄档。

（5）钱和周的职业相同。

（6）孙和李的职业不同。

（7）王先生和一位年龄大于30岁的教师在三年前结了婚。

请问王先生的妻子姓什么？

43. 度假村

著名的度假村里有一家餐厅、一家百货商场和一家蛋糕店。弗特到达度假村的那一天，蛋糕店正好开门营业。这个度假村一星期中没有一天餐厅、百货商场和蛋糕店全都开门营业。百货商场每星期开门营业四天，餐厅每星期开门营业五天，星期日和星期三这三家单位都关门休息。

在连续的三天中：第一天，百货商场关门休息；第二天，蛋糕店关门休息；第三天，餐厅关门休息。在连续的三天中：第一天，蛋糕店关门休息；第二天，餐厅关门休息；第三天，百货商场关门休息。请问，弗特到达度假村时是星期几？

44．新兵的妙计

一个寒冷的冬天，一支部队来到松花江边。即使是冬天，江面还只是结了一层薄薄的只有五六厘米厚的冰，冰上面覆盖着一层雪。很明显，这样踩在冰面上是很危险的，只有等到冰层达到七八厘米才会安全。

大家正着急的时候，一个新兵想出一条妙计，部队只等了一会儿，冰层的厚度就达到了八厘米以上。

你知道他想出了一条什么妙计吗？

45．前额被涂黑了

三个孩子在花园里玩，由于天气非常炎热，不久他们就感到疲倦了，于是就在花园里的一棵树下躺下来想稍稍休息一会儿，结果都睡着了。在他们睡觉的时候，一个爱开玩笑的小孩用炭涂黑了他们的前额。三个人醒来时，发现其他两人额上的炭黑，不禁觉得好笑，而且都笑出声来。但三人都以为是其他两人在相互取笑，而没有想过自己的额头也有黑色。

突然其中有一个不笑了，因为他知道自己的前额也被涂黑了。

他是怎么觉察到的？

46．谁是劫持者

一位医生在寓所被人劫持，警方排查发现案发当日医生的四位病人都单独到过医生的寓所。因此，警方决定对这四位病人进行传讯。四位病人得知这一情况后商定，谁也不向警方说出实话。

杰克说：（1）我们都是清白的，我们四个人都没有劫持医生。（2）我是去过他那里，可是在我离开他寓所的时候他还好好的。

维尔斯说：（3）我是去过医生那里，但在我去之前已经有一个人去过了。（4）当我到达医生寓所的时候，他已经被劫持了。

迈斯里说：（5）我去过医生那里，可是在我去之前已经有两个人去过。（6）我并不知道他被劫持，在我离开他寓所的时候，他还好好的。

查尔蒂说：（7）凶手比我先去过医生的寓所，我去的时候他已经离去；（8）当我到达医生寓所的时候，他已经被劫持了。

请问：谁是劫持医生的人？

47. 枪柄上的蚂蚁

一个星期前，东城的第一大街接连发生了枪击事件，凶手躲在街边的大厦里，用红外线步枪瞄准街上的行人，当场打死三个无辜的行人。凶手在行凶后迅速离开大厦，而附近的大厦太多，警方不可能对所有大厦的窗口实施监控。

警方分析，凶手杀人完全是为了发泄，他还有可能继续作案。为了早日抓住凶手，多名警员装扮成路人、小贩、大楼管理员等，日夜监控整条大街的数十座大厦。可是，狡猾的凶手一连两个月没有作案，好像空气一样消失了。大街上的一切又恢复了往日的和谐与美好。

这天中午，突然从银行大厦发出一声沉闷的枪声，正在过街的一位黑衣男士应声倒下。凶手又出现了！

刑警在最短的时间里封锁了该大厦，但是凶手还是混进了人群。经过调查，警员在大厦的第10层发现了弹壳和被丢弃的枪，可以确定凶手是在10层开的枪。

嫌犯共有五个人：第一个是银行职员，他曾经是一名小口径步枪项目射击运动员；第二个是银行保安，但他的枪没动过；第三个是拳击教练，他是个枪械爱好者；第四个是来银行办理业务的客户，他患有严重的糖尿病；最后一个是海员，他说自己纯粹是来看风景的。他们五个人都坚持说自己是无辜的。

福尔摩斯探长感到这个案子非常棘手，假如找不到证据，要逮捕这五个人是不合法的，但要放走他们，万一凶手就是他们中的某个人呢？

忽然，福尔摩斯探长发现被丢弃的步枪枪柄上有好多蚂蚁爬来爬去。他立刻明白了什么，指着一个人大声对警员说："快逮捕他！"

探长说的人是谁呢？为什么？

48. 猜 猜 是 谁

汤姆在一张纸上写了甲、乙、丙、丁四个人中的一个人的名字，然后握在手里让这四个人猜一猜是谁的名字。于是：

甲说："是丙的名字。"乙说："不是我的名字。"丙说："不是我的名字。"丁说："是甲的名字。"

汤姆听完后说："四个人中只有一个人说对了，其他人都说错了。请再猜猜看。"这时，四个人很快同时猜对了纸条上写的是谁的名字了。那么，你知道这张纸条上究竟写的是谁的名字了吗？

49. 聪明的学生

一个讲授逻辑学的教授，有三个非常聪明的学生。

一天，教授给他们出了一道题，在他们每个人脑门上贴了一张纸条并告诉他们，每个人的纸条上都写了一个正整数，且某两个数的和等于第三个。每个人可以看见另两个数，但看不见自己的。于是，教授问第一个学生：你能猜出自己的数吗？第一个学生说不能，问第二个，回答也是不能，第三个也是不能。

于是，教授又重新问第一个，回答仍然是不能，第二个也是不能，而到第三个时，这名学生却说："我猜出来了，是144。"听到这里，教授很满意地笑了。

请问，你能猜出另外两个人贴的数字吗？

50. 如何安全过河

有这样奇怪的一家人，成员包括爸爸、妈妈、弟弟和妹妹，他们的关系是这样的：爸爸总是喜欢训斥妹妹，除非有妈妈的保护，否则爸爸要教训妹妹。妈妈不能跟弟弟在一起，除非有爸爸的保护，否则妈妈要教训弟弟。

有一次，他们外出旅游，正当他们要过一条河时，遇到了一个警察和抓获的一个杀人魔王。河边只有一条小船，这条小船每次最多只能载两人。

现在情况是除了这一家人奇特的关系外，又加上了杀人魔王不能跟那家人在一起，除非有警察的保护，否则其他人将有生命危险。这么复杂的人际关系，你能安排好所有人安全地通过小船过河到对岸吗？

51. 给骆驼做记号

有一个骆驼队在沙漠里前进着，他们让体弱的骆驼走在队伍中间，体力好的骆驼则被安排在前面和后面。但骆驼很难辨认，主人只好狠心地在骆驼背上烙印1、2、3……表示顺序的号码。由于每次烧红烙铁需要5分钟，所以骆驼每隔5分钟会因为痛苦嘶鸣一声。假设这是一支由10只骆驼所组成的队伍，请问听完全部骆驼的嘶鸣声需要花多长时间。当然，叫声是没有重复的。

52. 铅 球 体 积

用一个有刻度的半公升玻璃瓶，我们怎样才能量出装在玻璃瓶里的数个铅球的体积呢？

有人提出用求球体积的公式先求出一个铅球的体积，然后照铅球数加起来。但这样做太复杂，而且需要不少时间，再说铅球的大小也不一样。

这时，有个人只用了一种运算法——减法，很快地并且相当精确地求出了铅球的体积，这个人是怎样做的？

53. 救命的子弹

三个朋友去森林里打猎。

在打猎的最后一天早晨，发生了一桩扫兴的事：在涉水渡一条小河时，两个朋友的子弹带浸了水。有一部分子弹不能再用了。于是三个朋友就把保存好的子弹拿出来平分。

在每个人打了四发子弹后，三个人总共只剩平分子弹时一人所得的子弹数了。

请问平分子弹时三人一共有几发可用的子弹？

54. 爬楼的时间

有一个人到一栋10层高的大厦8楼办事，可是很不巧碰上停电，所以没办法搭乘电梯。如果爬楼梯从1楼爬到4楼需要48秒，请问从4楼爬到8楼需要多少时间？

55. 海盗分金子

10名海盗抢得了窖藏的100块金子，并打算瓜分这些战利品。这是一些讲民主的海盗(当然是他们自己特有的民主)，他们的习惯是按下面的方式进行分配：最厉害的一名海盗提出分配方案，然后所有的海盗(包括提出方案者本人)就此方案进行表决。如果50%或更多的海盗赞同此方案，此方案就获得通过并据此分配战利品。否则提出方案的海盗将被扔到海里，然后下一个最厉害的海盗又重复上述过程。

所有的海盗都乐于看到他们的一位同伙被扔进海里，不过，如果让他们选择的话，他们还是宁可得一笔现金。他们当然也不愿意自己被扔到海里。所有的海盗都是有理性的，而且知道其他的海盗也是有理性的。此外，没有两名海盗是同等厉害的——这些海盗完全按照由上到下的等级排好了座次，并且每个人都清楚自己和其他所有人的等级。这些金块不能再分，也不允许几名海盗共有金块，因为任何海盗都不相信他的同伙会遵守关于共享金块的安排。这是一伙每人都只为自己打算的海盗。

那么最厉害的一名海盗应当提出什么样的分配方案才能使他获得最多的金子呢？

56. 陶杯值多少钱

有一对做陶器的兄弟，他们的陶器很精美，畅销国内。一天，他们做了一些陶罐和陶杯拿去邻县的艺术品交易市场去卖，很快陶罐就销售一空了。此时，还剩下些小陶杯，弟弟着急要赶回家照顾有孕在身的妻子，就建议哥哥把账分一分，剩下的陶杯归哥哥所有，由哥哥留下来继续销售。

销售陶罐总数与每件陶罐的价钱相同。哥哥先取10两银子，弟弟接着取10两，依次按照这个顺序取，每次都取10两，取了几次后，又轮到哥哥，哥哥在取了10两银子后，剩余的不够10两银子了，于是哥哥给了弟弟一件陶杯来代替银子。这样，弟弟也就和哥哥取得了同样的收入，请问这件陶杯值几两银子？

57. 四位古希腊少女

阿尔法、贝塔、伽玛和欧米伽四位古希腊少女正在接受训练，以便将来能当个预言家。实际上，她们之中只有一个后来当了预言家，并在特尔斐城谋得一个职位；其余三个人，一个当了职业舞蹈家，一个当了宫廷侍女，另一个当了竖琴演奏家。

一天，她们四个人在练习讲预言。

阿尔法预言："贝塔无论如何也成不了职业舞蹈家。"

贝塔预言："伽玛终将成为特尔斐城的预言家。"

伽玛预言："欧米伽不会成为竖琴演奏家。"

而欧米伽预言她自己将嫁给一个叫阿特克赛克斯的男人。

可是，事实上她们四个人当中，只有一个人的预言是正确的，而正是这个人后来当上了特尔斐城的预言家。她们四个人各自当了什么？

欧米伽和阿特克赛克斯结婚了吗？

58. 判断骑士的活动时间

几个周游世界的骑士寻找着原有的勇气。

(1) 其中一个在海边待了整整7个星期，当然没有达到此行的目的。

(2) 9月份离开的骑士要比那个叫少利弗雷德的骑士多两个星期。

(3) 蒂米德周游的时间要比他在森林中转悠的同伴长1个星期。

(4) 把时间花在村边的骑士不是9月份开始周游的。

(5) 歌斯特先生离开后曾在沼泽荒野逗留过，时间不是4个星期。

(6) 某骑士长达6个星期的沉思开始于3月。

(7) 拜尼周游的时间有5个星期。

(8) 卡斯特先生在7月开始周游。

请你判断他们开始的时间、所去的地方和周游的时间。

59. 博物馆的盗窃案

某博物馆的文物被盗，警方经过侦查拘捕了三个重大嫌疑犯，分别是查理、詹姆斯、格蕾丝。经审讯，查明了如下事实：

（1）罪犯是带着赃物乘汽车逃跑的。

（2）如果不伙同查理，格蕾丝决不会作案。

（3）詹姆斯不会开车。

（4）罪犯就是这三个嫌疑人中的一个或一伙。审讯之后，警方立即说查理是犯罪人员，但查理却一口咬定自己是无罪的，并称是警方冤枉了他。现在，你能根据以上四个条件，判断出查理究竟有没有罪吗？

60. 卡洛尔谜题

英国剑桥大学数学讲师卡洛尔曾出了下面这道题目来测验他的学生的逻辑思维能力。题目是这样的：

（1）教室里标有日期的信都是用粉红色纸写的。

（2）丽萨写的信都是以"亲爱的"开头的。

（3）除了约翰外没人用黑墨水写信。

（4）皮特没有收藏他可以看到的信。

（5）只有一页信纸的信中，都标明了日期。

（6）未标记的信都是用黑墨水写的。

（7）用粉红色纸写的信都收藏起来了。

（8）一页以上的信纸的信中，没有一封是做标记的。

（9）约翰没有写一封以"亲爱的"开头的信。

根据以上信息，你能判断出皮特是否能看到丽萨写的信吗？

61. 引起怀疑的箱子

虽然每一个过境客都通过了海关的检查，但是一个仔细的海关官员叫住了其中的一个人，要求复查他的一个箱子。官员发现了一件装着重物的行李。

你知道是什么引起了海关官员的怀疑吗？

62. 地铁站的嫌疑犯

冬天的夜晚格外冷清，白天繁忙的街道在此时行人稀少。按照惯例，查理警官带领两名警员在第一大街巡查。突然，有人大喊："抢劫了！"同时，昏黄的灯影下，一个黑影飞快地跑了过去。查理警官立刻带领警员们追了上去，跟着黑影跑进了地铁站。

此时，站台上的人里，有六个人体形都和刚才的黑影很相像。

有一个人正在和地铁的工作人员大声争吵，显得很没素质；第二个人和一个清洁工模样的人一起正在津津有味地看着俩人吵架；第三个人正蹲在地上看一张报纸，而离他不远的地方就是椅子；第四个人正在原地运动，看样子好像很冷；第五个人一直不停跺脚，时不时地看看手机，似乎不是在等人就是在等车，总之很焦急，给人一种迫切想要摆脱这个鬼地方的感觉；而第六个人宁愿缩在椅子上瑟瑟发抖也不愿意动动。

观察一会儿后，他指着一个人说："是他！"

请问你知道查理警官的依据吗？

63. 钟表问题

凯特早上起床后发现钟停了，把钟调到7点10分后，就去朋友家玩。当到朋友家里时，他看到墙上的钟指向8点50分，在朋友家玩了一个半小时之后，又用同样的时间回到家，这时家里的钟指向11点50分。

请问，此时凯特家里的钟显示的时间准吗？不准的话应该调到几点？

64. 游乐园成员

在昆虫王国里，蜻蜓有6条腿、2对翅膀；蜜蜂有6条腿、1对翅膀；蜘蛛有8条腿，没有翅膀。有一天，蜻蜓、蜘蛛和蜜蜂，组成了一个共有18个成员的小小动物游乐园。它们这个团里共有118条腿，20对翅膀。开动一下你的大脑，想想在这个小小动物游乐园里，蜻蜓组、蜜蜂组和蜘蛛组各有多少名成员呢？

65. 安排座位

某外国语学院举行的圣诞节联欢晚会上，一个圆桌周围坐着五个人。A是中国人，会英语；B是法国人，会日语；C是英国人，会法语；D是日本人，会汉语；E是新西兰人，只会说英语。你能巧妙地为他们安排座位，使他们都能和左右的人进行交谈吗？

66. 国会竞选

国会议员竞选开始时，H曾为是否参加竞选的问题发愁了很久。想来想去拿不定主意，最后他想，还是听命于天吧。于是向两位高明的算命先生A、B请教，他们分别做了回答。

A讲完他的话之后，说：“我所说的有60%正确。”

B讲完他的话之后，说：“我所说的只有30%正确。”

结果，他就依照B的占卦结果去办了。为什么呢？

67. 准备货币

某国的货币只有1元、3元、5元、7元和9元五种，为了直接付清1元、2元、3元、…、98元、99元、100元各种物品的整数元，至少要准备几张什么样的货币？

68. 谁偷了奶酪

有四只小老鼠一块出去偷食物（它们都偷食物了），回来时老鼠头领问它们都偷了什么食物。

老鼠A说：我们每个人都偷了奶酪。

老鼠B说：我只偷了一颗樱桃。

老鼠C说：我没偷奶酪。

老鼠D说：有些人没偷奶酪。

老鼠头领仔细观察了一下，发现它们当中只有一只老鼠说了实话。那么下列的结论正确的是哪一个选项？

A.所有老鼠都偷了奶酪；

B.所有的老鼠都没有偷奶酪；

C.有些老鼠没偷奶酪；

D.老鼠B偷了一颗樱桃。

69. 汽车经过的概率

假设在一段高速公路上，30分钟内见到汽车经过的概率是95%。那么，在10分钟内见到汽车经过的概率是多少？

70. 一次找出不合格的药品

一家药店收到外地运来的某种药品10瓶。每瓶装药丸1000粒，每粒药丸的限定重量为100毫克。药剂师克丽丝女士刚把药瓶放上货架，就收到了制药厂的一封电报。克丽丝女士给药店经理乔治先生念了这份电报："特急！所发药品经检查后方出售。由于失误，有一瓶药丸每粒超重10毫克。请从每瓶中取出1粒药丸来称一下。""真是胡闹！"克丽丝女士刚要动手，乔治先生拦住她："克丽丝女士，请等一下，没有必要称10次，只需称一次就够了。"

请问，乔治先生说的可能吗？

71. 照片上的人

有一个人在看一张照片，当有人问"照片上的人是谁"的时候，这个人回答说："照片上的人的丈夫的母亲，是我丈夫的父亲的妻子的女儿，而我丈夫的母亲只生了他一个孩子。"

请问这个人在看谁的照片？

72. 褪色的雨伞

一个狡猾的商人在路旁卖彩伞，身后有一横幅"保不褪色"，这吸引了很多人来购买。一星期后，便有人怒气冲冲找到商人说："你不是说保不褪色吗？你看这伞，颜色怎么掉没了？快给我退货，我不买了。"

狡猾的商人说道："……"只用一句话就把那人打发走了。

请问：他是怎么说的？

73. 用数量表示爱情

一位男老师M收到女老师A和B热切的爱的告白。M教师对两位爱慕者说："我希望你们清楚地用数量表示对我的爱。"于是，A老师说："我的爱是B老师的100倍。"而B则说："那我的爱是A教师的1000倍。"

M老师听完后回答："那我知道了，你们对我没有一点爱意。"为什么M老师这样说呢？

74. 运送陶瓷花瓶

一个陶瓷公司要给某地送2000个陶瓷花瓶，于是就找一个运输公司来运送陶瓷花瓶。运输协议中是这样规定的：

（1）每个花瓶的运费是1元。

（2）如果打碎1个，不但不给运费，还要赔偿5元。

最后，运输公司共得运费1760元。那么，这个运输公司在运送的过程中打碎了多少个陶瓷花瓶?

75. 平面画直线

在一个平面上画1999条直线,最多能将这一平面划分成多少个部分?

76. 星 期 几

公历的1978年1月1日与1月15日均是星期日,请问,公历2000年1月1日是星期几?

77. 胡说八道的论文

某学生在论文中这样写道:"调查结果表明,在X国里4兄弟姐妹居多数。当然可以认为在4人中,两男两女组合是比较多的。"一位老师看完这段话,十分生气地说:"这简直是模棱两可的混账话。"请问,这位老师为什么这么生气呢?

78. 稳操胜券的赌局

在拉斯维加斯的一个赌场中,赌局到了最后决出胜负的关键时刻。

乔治非常幸运地赢得了700个金条,现居第一名,第二名杰克稍微落后,赢了500个金条。其余的人都已经输光了。

乔治犹豫着,要将手上的筹码压一部分在"偶数"或"奇数"上,赢的话赌金就可以变成两倍,另一边,杰克已经把所有筹码都压在"3的倍数"上,赢的话赌金可以变为三倍,运气好的话他就可以胜过乔治。

请问,乔治应该怎样下注才能稳操胜券?

79. 电影主角

亚历克斯·怀特有两个妹妹:贝尔和卡斯;亚历克斯·怀特的女友费伊·布

莱克有两个弟弟：迪安和埃兹拉。他们的职业分别如下。

怀特家：

亚历克斯，舞蹈家；

贝尔，舞蹈家；

卡斯，歌唱家。

布莱克家：

迪安，舞蹈家；

埃兹拉，歌唱家；

费伊，歌唱家。

六人中有一位担任了一部电影的主角，其余五人中有一位是该片的导演。

（1）如果主角和导演是亲属，则导演是个歌唱家。

（2）如果主角和导演不是亲属，则导演是位男士。

（3）如果主角和导演职业相同，则导演是位女士。

（4）如果主角和导演职业不同，则导演姓怀特。

（5）如果主角和导演性别相同，则导演是个舞蹈家。

（6）如果主角和导演性别不同，则导演姓布莱克。

请判断谁担任了电影主角。

80．阿诺德智慧

传说在德国的历史上曾发生过这么一件趣事。

16世纪时，这个国家是由许多彼此独立的小国组成的。其中有两个相邻的小国，原先睦邻友好，人民相互自由进出，连货币都可通用，并且价值相等。后来两国闹了矛盾，虽然人民还可以自由来往，但甲国的国王下令，乙国的钞票若拿到本国使用，100元只能做本国的90元。

乙国得知这一消息后，也不示弱，立即下了一道同样的命令，以牙还牙，即甲国的钞票如果拿到本国使用，100元只做本国的90元！

一个名叫阿诺德的人，得知这一消息，连忙劝说两国的国王，万万不可如此；否则有人悄悄跑跑腿，便会趁机发大财。

两个国王都不相信。

阿诺德见说服不了他们，便自告奋勇亲自实践。两国国王分别给他100元，让他试验。如果他真能利用这条命令发了大财，便收回成命。

阿诺德拿了200元钱，一会儿到甲国购货，一会儿又到乙国购货，往返穿梭在两国的商店里，不消几日，便腰缠万贯。接着他便把赚来的大宗财物送到两国的国王面前，两国的国王见状都惊奇得目瞪口呆，忙问他是怎么赚得的。

阿诺德讲述了赚钱方法后，国王都信服地连连点头，深深认识了分裂的危害，于是他们各自收回了成命，和好如初。

你知道，阿诺德是怎样赚钱的吗？

本章答案

1.三个学生分别来自哪个国家

答案：首先，喜欢面条的不是法国人，而迈克不喜欢面条，所以可以得出迈克是法国人的结论；喜欢汉堡的是英国人，而詹姆斯不喜欢汉堡，所以詹姆斯不是英国人，且查理也不是美国人，因此可以判断，詹姆斯是美国人，查理是英国人。

2.谁点了鱼和鸡

答案：乙可以。根据第一个条件，如果甲要鱼的话，那么乙要的就是鸡，这时，根据第二个条件，丙要的也是鸡。这和第三个条件相矛盾。所以，甲能要的只能是鸡。再根据第二个条件，丙要的只能是鱼。再从题意中看，发现乙既可以要鸡也可以要鱼。所以只有他能今天点鸡、明天点鱼。

3.三个美国小伙子开枪决斗

答案：首先是迈克开枪射击约翰，不过由于迈克的成功率只有30％，所以这枪打中约翰的概率不是很大，假设迈克没有打到，那么在迈克打过后，就该由约翰射击，约翰当然会选择射击命中百分之百的汉克斯了，50％的命中率，首先假设打中汉克斯，那么第一个淘汰的当然是这个连出手都没机会的倒霉蛋，不过约翰射击过后，应该射击的汉克斯已被淘汰，那么理所当然的，又会轮到迈克来射击，迈克那30％的命中，在第二次射击打中约翰的概率不是很高，那么就再次假设迈克没有打到，再次轮到约翰射击，约翰在成功打死最大的竞争对手后，心中一定会解压，自己会很放松，那么他那50%的命中，再次成功命中的概率也不是很大，这样就会再次轮到迈克来射击，在高度紧张、注意力集中的状态下，迈克两枪不中，第三枪打中约翰的概率会大大提高，那么这枪打中的概率高达90%，最后迈克活下来的机会会很大。

4.天使与魔鬼

答案：至少有两个天使。假设甲是魔鬼的话，由此可推断他们几个都是魔鬼，那么，乙是魔鬼的同时又说了实话，存在矛盾。所以甲是天使。假设乙是天使的话，从她的话来看，丙就成了魔鬼，相反，假设乙是魔鬼的话，从她的话来看，丙就是天使了。所以，无论怎样，都会有两个天使。

5.无法完成的课堂作业

答案：72页和73页之间是不存在页码的。

6.后天星期几

答案：星期三。首先要弄清楚今天是星期一，才能判断出后天的日期。

7.两个时钟

答案：完全停止的时钟。因为完全停止的时钟反而可以告诉我们较多次的正确时间。道理在于：一天慢一分的时钟得等到720天后才能告知正确的时间，而完全停止的时钟则至少一天会告诉我们两次正确的时间。

8.循环赛

答案：3胜1败。全部共有20场比赛，各队都必须跟其他四队对打一场，即4×5=20（场），但是每场有两队出赛，所以20/2=10胜。甲至丁合计共有7胜，那么剩下的3胜便是戊队的，依此类推戊队有1败。

9.从哪一个门进去

答案：该从第二个门进去。第一个门与第三个门上的话是矛盾的，因此其中必有一个是真的，这样就可推出第二个门的话肯定是假的，也就是说第二个门通厕所。

10.兄弟姐妹

答案："弟弟说自己所拥有的兄弟的人数比姐妹的人数多一个"，最简单的情况：假设弟弟只有一个姐姐，那么，他应当还有两个兄弟，即他们所有的兄弟姐妹一共是三男一女。那么，姐姐有三个兄弟，没有姐妹，她所拥有的兄弟比姐妹多三个。

11.她能离婚吗

答案：因为这对夫妇对每件事的意见都有分歧，那么，妻子想离婚，丈夫不想离；而丈夫想离婚，妻子又不想离。总之，两人难以在离婚问题上达成共识。

12.女星的年龄

答案：丁说得对。根据条件我们可以做如下判断：假设甲说的是真的，那么乙、丁说的也为真，不成立。假设乙为真，那么丁说的也为真，同样也不成立。假设丁为真，则当这位女明星的年龄在31～35岁时，符合题意。如果丙为真，则甲、乙必为假，但丁可能为真也可能为假，丁为假的可能仅在这位明星年龄在40岁以上时。所以丁说得对。

13.如何让妈妈归还零花钱

答案：孩子说："妈妈，你不会把零花钱还给我，是吧？"如果妈妈回答说"是"，那就算是孩子答对了，所以妈妈要把零花钱还给他；如果妈妈回答说"不是"，那就说明妈妈想把零花钱还给孩子，孩子还是可以要回自己的零花钱。

14.聚会的难题

答案：可以在雨天聚到甲的家中。因为甲没有说雨天不可聚会，他只说在雨天是不出去的。

15.说一件令富翁不相信的事

答案：穷小子说："您刚刚答应了把女儿嫁给我。"富翁听了左右为难，如果相信这句话，就得把女儿嫁给他；如果不相信这句话，也得把女儿嫁给他。于是，富翁只好答应这桩婚事。

16.母子之间的诡辩

答案：儿子说："如果我是正直的，就不会受到神的伤害；如果我是不正直的，就不会受到世人的伤害。所以不论怎么说，我都是不会伤害的。"这也是有名的诡辩问题之一。乍见之下似乎有理，其实内含莫大的虚伪性；而且针对这种诡辩的反驳论，本身也属诡辩之一。

17.裙子的颜色

答案：黄色。假设琳达买的裙子是黑色的，那么三人说的话都是正确的；假设是黄色的，前两句话是正确的，第三句话是错误的；假设裙子是红色的，那么三句话都是错误的。所以只有黄色符合条件。

18.问的学问

答案：外乡人只要向任何一个奴隶问："如果我要求你的伙伴指出那扇通向自由的门，他会指向哪一扇呢？"这样不管对方是说真话还是说谎话，都会指出那扇可以使他沦为奴隶的门。据此，他就可以断定，另一扇门必定是通向自由的。

19.校长选老师

答案：根据已知条件得知，D和E中必定有一位与A和C属于相同的年龄档，而A和C都小于30岁。按照校长的要求，他是不会选择A和C的。另外，从条件中得知，C和D当中必定有一位与B和E的职业相同，因此，B和E是秘书。所以校长必定会选择D女士做学校的舞蹈老师。

20.小岛方言

答案：水是可以喝的。这天是晴天，这个本地人如果是说真话的，那么关于"好天气"的回答为"是"，"呜呜哇哇"就是"是"的意思，则"能喝吗"的回答为"是"。如果说的是假话，问天气时回答的"呜呜哇哇"就是"不"的意思，那么，"能喝吗"的回答是"不能"，但因为他说的是假话，所以泉眼的水是能喝的。结论是：不管这个本地人是说真话的还是说假话的，水都是能喝的。

21.生育法规

答案：不会产生效果。按照统计学的规律，全部妇女所生的头胎孩子趋向于男孩女孩各占半数。男孩的母亲们不能再有孩子。女孩的母亲可以接着生第二胎，但仍然一半概率是男孩一半概率是女孩……在每一轮生育中，男孩对女孩的比例都是1∶1，那么，当你把各轮生育的结果全部加起来以后，比例依然保持为1∶1。

22.孰男孰女

答案：有四男三女。A、B、E、G是男人，C、D、F是女人。从⑥得知：F是女的，G是男的。从①、③、⑤、⑥可知：这七个人中，只有三个人是女的。从③、⑤可以肯定D是女的。从而可知其余四个人，即A、B、E、G一定都是男的。

23.判断间谍

答案：1号房间：鲁宾，阿布威。

2号房间：罗佩兹，GRU。

3号房间：加西亚，SDECE。

4号房间：毛罗斯，MI6。

5号房间：罗布斯，OSS。

6号房间：戴兹，SD。

从线索（5）中知道SD间谍在6号房间〔线索（2）〕。OSS间谍一定在5号房间，而SDECE间谍在3号房间，鲁宾在1号房间。2号房间的间谍不可能来自阿布威〔线索（3）〕，也不是来自MI6，而间谍加西亚不在1号房间〔线索（1）〕，那么他肯定是GRU的间谍。从线索（4）中知道，毛罗斯先生的房间是4号，罗布斯不可能在3号〔线索（1）〕也不可能在2号房间。因为加西亚不在4号房间，所以罗布斯也不可能在6号。罗布斯只能在5号房间，而加西亚在3号，MI6的间谍则在4号房间〔线索（1）〕。6号房间的SD间谍不是罗布斯〔线索（2）〕。则肯定是戴兹。剩下罗佩兹一定是2号房间的GRU间谍。最后通过排除法推出1号房间的鲁宾是阿布威的间谍。

24.法官断案

答案：不管A是不是盗窃犯，他都会说自己"不是盗窃犯"。如果A是盗窃犯，那么A是说假话的，这样他必然会说自己"不是盗窃犯"；如果A不是盗窃犯，那么A是说真话的，这样他也必然会说自己"不是盗窃犯"。

在这种情况下，B如实地转述了A的话，所以B是说真话的，因而他不是盗窃犯。C有意地错述了A的话，所以C是说假话的，因而C是盗窃犯。至于A是不是盗窃犯，我们不能确定。

25.鸟儿捉虫子

答案：假设麻雀的话是假的，喜鹊就只捉到1条，那么麻雀少于喜鹊，这是相互矛盾的。所以，麻雀的话是真实的，麻雀捉的虫子多于或者等于喜鹊捉的虫子，喜鹊捉的虫子不可能是1条。

假设乌鸦的话是假的，乌鸦捉的虫子少于麻雀捉的虫子，麻雀就捉到2条，所以乌鸦就捉到1条。那么，喜鹊的话就成了假的，而且必须是喜鹊所捉虫子少于乌鸦，这与第一个假设相互矛盾，不成立。所以，乌鸦的话是真的，乌鸦捉的虫子多于或者等于麻雀捉的，麻雀捉的虫子不可能是2条。

根据这两个条件可知，可能性有以下几种：可能性①：喜鹊捉到2条、麻雀捉到3条、乌鸦捉到3条。可能性②：喜鹊捉到3条、麻雀捉到3条、乌鸦捉到3条。

在可能性②的情况下，喜鹊和乌鸦是同样的，但是，喜鹊又撒了谎，所以这是不可能的。

所以，可能性①是正确的。

26.情人节买花

答案：花店就是从右边数的第二家。根据前三个的条件，旅店不在茶店、书店和酒店的旁边，所以旅店应该是两头的两家店里的一家。而它的旁边就是茶店、书店和酒店以外的花店了。花店的旁边不是茶店或酒店，那就是书店了。

根据第二个条件，酒店不在书店的旁边，所以下一家应该是茶店。那么，剩下的酒店就是在两头的两家店中的一家。但是，茶店的墙是上了颜色的，所以茶店应该是从左边数的第二家。依此类推，就可以推出答案了。

27.通往出口的路

答案：走第三条路。如果第一个路口写的是真话，那么，它就是出口。那么第二个路口上的话也是正确的，这和只有一句话是真话相矛盾。如果第一个路口写的是假话，第二个路口上的话是真的，那么它们都不是通往出口的路，所以真正的路就是第三条。

28.戴帽子的囚犯

答案：现在假设三个犯人是A、B和我，那么我的推断是：

第一种：我戴的是白帽子。

那么A会这么想：如果自己戴的是白帽子，那么B就会看到两顶白帽子，根据国王的第一条规则，他马上就会被释放，但是B现在没有被释放，说明我戴的不是白色的，而是黑色的帽子，哈哈，我可以要求国王释放我啦。

结论：如果我戴的是白帽子，那么根据犯人A的想法得出：A和B必然有一个会被释放，但是现在两个人都没有被释放，所以我戴的帽子一定不是白色的，而是黑色的，既然我知道自己戴的是黑帽子，就可以要求国王释放我。

同理，A和B根据别人的想法也都可以推断出自己戴的是黑帽子，这样三个犯人将同时被释放。

29.谁怀疑丈夫有外遇

答案：假设晚上8点时大厅里小组的数目为x，则总人数为5x；这样，从晚上8点过后的某一刻（即B女士和她的丈夫到达的一刻）到晚上9点，总人数为5x+2；从晚上9点过后的某一刻到晚上10点，总人数为5x+4；从晚上

10点过后的某一刻到晚上11点，总人数为5x+6。如果A女士未到，则这段时间的人数变为5x-1，当x=2时，人数为9人，可以分为3组，每组3人；如果B女士未到，则这段时间的人数变为5x+1，当x=3时，人数为16人，可以分为4组，每组4人；如果C女士未到，则这段时间的人数变为5x+3，则不论x取何值，其尾数或是3，或是8，不能成为任何数的平方的尾数，可见，这时的与会者分成小组交谈时，小组的数目和每个小组的人数不可能都相同。可见，C女士就是那个怀疑丈夫不忠的妻子。我们尚未分析D女士的情况，你可以自己尝试一下。可不要冤枉她呀！

30.三人打赌

答案：假设明天下雨，智者损失100元给这个丈夫，却可以从他妻子那里得200元，最终得100元。

假设明天不下雨，智者从这个丈夫那里得200元，用去100元给妻子，最终还能得100元。

总是能得到100元，何乐而不为呢？

31.巧分硬币

答案：将这23枚硬币分成两堆，一堆10个，另一堆13个。然后将10个的那一堆所有硬币都翻过来就可以了。

32.半箱橘子

答案：篮子里的橘子数目每分钟增加一倍，1小时满篮，那59分钟时就是一半，也就是半箱橘子。

33.公主选心上人

答案：金盒子上的话和铜盒子上的话是矛盾的，所以两句话必有一真。又因为三句话中最多只有一句是真话，所以银盒子上的话是假话。因此，画像在银盒子中。

34.出海遇难的幸存者

答案：甲是人，乙是天使，丙是魔鬼。这道题我们采用假设的方式。首先，我们假设甲是天使，天使说真话，那么甲说"我不是天使"就与条件矛盾，所以甲一定不是天使；假设乙是天使，那么三个说的话都成立。所以可以判断出甲是人，乙是天使，丙是魔鬼。

35.给恋人献歌一曲

答案：里欧和多娜特是给摩托车加油时认识的，他准备给她唱《忠诚》；

安顿尼尔和艾丽娜是买黄瓜时认识的，他准备给她唱《呼吸》；

弗瑞泽欧和玛若是看足球赛时认识的，他准备给她唱《我发誓》；

西欧卫和莫尼卡是买香烟时认识的，他准备给她唱《惊奇》；

多纳特罗和塞恩娜是在酿酒厂认识的，他准备给她唱《永远》。

36.克林顿夫妇请吃饭

答案：布莱克夫妇。由（1）可知，克林顿夫人对面可以是丈夫克林顿、布莱克先生、格林先生，但条件（3）说格林先生右边的人是位女士，所以不可能是格林先生，因此由条件（1）可知，那个位置是史密斯先生；现在就剩下克林顿先生和布莱克先生了，根据只有一对被隔开，假如是克林顿先生的话（自然地克林顿夫妇肯定被隔开了），那么史密斯先生右边就是史密斯夫人，而史密斯夫人和布莱克夫人之间只有一个位置，不论放谁都会产生第二对被隔开的，与只有一对被隔开矛盾，所以就知道只能是布莱克先生。

现在知道了三个位置上的人：史密斯夫人对面是布莱克先生，布莱克先生右边是史密斯先生；下面就用布莱克夫人去坐各个位置，看与提供的条件是否产生矛盾就可以了。

假设布莱克先生与布莱克夫人不被隔开，则布莱克夫人在布莱克先生的左边，由条件（2）得知格林先生坐在史密斯夫人的左边。

由条件（3）可知史密斯夫人坐在史密斯先生左边第二位置上的女士对面，也就是史密斯先生坐在格林先生的左边。但是史密斯先生左边第二个位置上坐的是已知的布莱克先生，不是一位女士，所以假设矛盾。

所以被隔开的就只能是布莱克夫妇了。其他情况也可以用这个方法推出。

37.爱因斯坦的谜题

答案：德国人养鱼。挪威人住黄房子，抽Dunhill烟，喝水，养猫；丹麦人住蓝房子，抽Blends烟，喝茶，养马；英国人住红房子，抽Pall Mall烟，喝牛奶，养鸟；德国人住绿房子，抽Prince烟，喝咖啡，养鱼；瑞典人住白房子，抽Blue Master烟，喝啤酒，养狗。

38.杰克与约翰的关系

答案是C。

39.活了多少岁

答案：这个人只活到18岁。也许，你认为20岁才是正确的，但实际上，你可能出现了两个误区：其一，你认为公元前10年到公元10年中间有20年，其实年历当中是没有公元0年的，那么这个人1岁时是公元前9年，所以到公元10年时他最多只有19岁；其二，一个人的岁数是从生日起计算的，但他死时是生日的前一天，所以应该再少算一岁。这么一来，你就会找到正确的结果了。

40.衣着规定

答案：将所列条件加上"如果……那么……"问题就方便多了：

（1）如果穿燕尾服，那么一定是超过16岁的。

（2）如果戴大礼帽，那么就是超过15岁的。

（3）如果星期六下午观看棒球比赛，那么就戴大礼帽，或穿燕尾服，或两者俱全。

（4）如果带伴，或超过16岁，或既带伴又超过16岁，那么就不准穿毛衣。换句话说，如果穿毛衣，那就既不带伴，又不超过16岁。

（5）如果看球赛，那就穿毛衣。

所以，星期六下午看球赛的男生穿戴情况是：根据（5），穿毛衣；根据（4），不带伴，不超过16岁；根据（1），不穿燕尾服；根据（3），戴大礼帽；根据（2），超过15岁。

41.园艺讲座

答案：事实上从第15年开始，的确每种水果都可以开花结果，可是因为各种水果的生长季节不同，所以不可能在同一时间吃到四种水果。

42.王先生的妻子

答案：王先生的妻子姓李。赵和孙属于相同年龄档，李和周不属于相同年龄档，三位女士小于30岁，两位女士大于30岁。所以赵、孙小于30岁。钱和周的职业相同，孙和李的职业不同，两位女士是教师，其他三位女士是秘书。所以钱和周是秘书。因此，大于30岁的教师就只有李女士一个人了。所以王先生的妻子姓李。

43.度假村

答案：星期一。根据已知条件得知，餐厅在星期一、星期二、星期四、星期五和星期六开门营业，在星期日和星期三关门休息，而其中连续三天的第三天关门休息，因此，这连续三天的第一天不是星期五就是星期一。

因为一星期中没有一天餐厅、百货商场和蛋糕店全都开门营业，那么蛋糕店在星期四和星期五就关门休息，由于弗特到达度假村的那一天蛋糕店开门营业，所以那一天一定是星期一。

44.新兵的妙计

答案：有两种办法：一是清除冰面上的积雪，使寒冷传至冰层以下；二是在冰面上浇水。

45.前额被涂黑了

答案：假设三个孩子分别是A、B、C，发觉自己的额头被涂黑的是A。再假设A是这样想的："我们之中每个人都可以认为自己的脸是干净的。B认为自己的脸是干净的，所以笑C的额上被涂黑了。但如果B看到我的脸是干净的，那么B对C的发笑就会感到奇怪，因为在这种情况下，C没有发笑的理由。然而现在B没有感觉到奇怪，这就是说，他认为C在笑我。由此可知，我的脸也是给涂黑了。"

46.谁是劫持者

答案：杰克是劫持医生的人。

由于四人的每一句话都是谎言。所以得出以下结论：

杰克：

（1）我们都是清白的，我们四个人都没有劫持医生（说明这四个人中一定有一个是凶手）。

（2）我是去过他那里，可是在我离开他寓所的时候他还好好的（说明在杰克离开公寓时，那名医生已经被劫持了）。

维尔斯：

（3）我是去过医生那里，但在我去之前已经有一个人去过了（说明维尔斯不是第二个去医生寓所的人）。

（4）当我到达医生寓所的时候，他已经被劫持了（说明在维尔斯到达公寓时，那位医生并没有发生任何事情）。

迈斯里：

（5）我去过医生那里，可是在我去之前已经有两个人去过（说明迈斯里不是第三个去医生寓所的人）。

（6）我并不知道他被劫持了，在我离开他寓所的时候，他还好好的（说明在迈斯里离开时，医生已经被劫持了）。

查尔蒂：

（7）凶手比我先去过医生的寓所，我去的时候他已经离去（说明凶手在查尔蒂之后到达医生公寓的）。

（8）当我到达医生寓所的时候，他已经被劫持了（说明在查尔蒂到达时，那位医生还好好的）。

由上面的已知条件，可以进行以下推理：

首先，维尔斯和查尔蒂到达公寓时，医生还是好好的。而杰克和迈斯里离开公寓时，医生却已经被劫持了，所以维尔斯和查尔蒂一定要先于杰克和迈斯里到达医生公寓。而维尔斯说自己不是第二个去的，这句话是谎言，所以可以得知他是第一个去的，那么查尔蒂就一定是第二个去的。因为查尔蒂去时医生并没有发生任何事情，所以维尔斯的嫌疑可以排除。

接下来是杰克和迈斯里。因为两人都表示离开时医生还好好的，而既知是谎言，那么意思就是离开时医生已被劫持。而迈斯里说他是第三个去的，则证明他其实是最后一个去的，那么杰克则是第三个。同一个人是不能被劫持两次的，因此可以得出杰克就是劫持医生的人。

47. 枪柄上的蚂蚁

答案：是糖尿病患者。由于紧张，他大量出汗，枪柄上留下了好多汗水。而糖尿病人的汗水里含有大量糖分，所以吸引了蚂蚁的到来。

48. 猜猜是谁

答案：乙的名字。将第一次猜的结果做一个比较就会发现，甲的判断和丙的判断是矛盾的，其中必然有一真，有一假。如果甲的判断是真，那么乙的判断也是真，这样就与汤姆所说的"只有一个人说对了"相矛盾了。所以甲的判断必假，这样丙的判断就是真的了。于是，其余三个人的判断就都是假的了。这样，乙的判断就与事实相反，所以，纸条上一定写的就是乙的名字了。

49. 聪明的学生

答案：另外两个人的贴的数字是108和36。如果一个人看见的两个数，一个是另一个的两倍，那他就一定知道自己的数。如果一个人看见的两个数，一个是另一个的3倍。比如说10和30，那他就是40；因为如果他是20，那么就有人看见10和20，他就能猜出自己的数。如果一个人看见的两个数，一个是另一个的三倍，他也能猜出自己的数。以此类推：如果一个人看见的两个数，一个是另一个的三倍，他也能猜出自己的数。以此类推：如果一个人看见的两个数，一个是另一个的n倍，他就能猜出自己的数。设甲是x，乙是y，丙是x+y。丙既然猜出来了，说明如果丙是x−y，甲或乙就能猜出来。也就是说，甲或乙有人看见一个是另一个的n倍，甲或乙也像丙这样间接判断出来，只能是n=3。即144、108、36。

50.如何安全过河

答案：可以先让警察和杀人魔王同时过河，然后警察回来，接弟弟过河。警察留下，弟弟返回去，接爸爸过河，然后弟弟留下，爸爸返回，接妈妈过河，然后爸爸留下，妈妈返回，接妹妹过河。

51.给骆驼做记号

答案：45分钟。一般人的直接反应会回答50分钟(5×10=50)，实际上只要45分钟。因为商人只在9头骆驼的背上烙上印，剩下的一头没有烙印以示区别。所以，只有9头骆驼会因为疼痛而嘶鸣。

52.铅球体积

答案：把铅球全部放到瓶子里，然后将瓶子注满水。水的体积加上铅球的体积就是玻璃瓶的容量。再把铅球从瓶中取出，从而求出留在瓶中的水的体积，然后从瓶子的容量中减去水的体积，就得出铅球的体积了。

53.救命的子弹

答案：平分子弹后三个朋友一共打了12发子弹。这以后，三个人总共还剩的子弹数，等于平分时一人所得的子弹数，即剩余子弹总数的1/3。换句话说，三个人用了两份子弹，剩下一份子弹。两份子弹是12发，那么一份子弹就是6发。就是说还剩6发子弹。这个数目也就是平分子弹时每人所得的子弹数。因此，在平分子弹时一共有18发可用的子弹。

54.爬楼的时间

答案：64秒。因为从1楼爬到4楼是48秒，所以一般人的立即反应会以为到8楼，只要再爬4层楼，时间当然是48秒。有这种想法的人性子太急了。其实，从1楼到4楼实际上只爬了3层楼，所以，每爬一层楼所需要的时间应该是16秒，如此可以推算，从4楼爬到8楼的时间是64秒。

55.海盗分金子

为方便起见，我们按照这些海盗的厉害程度来给他们编号。最怯懦的海盗为1号海盗，次怯懦的海盗为2号海盗，以此类推。这样最厉害的海盗就应当得到最大的编号，而方案的提出就将倒过来从上至下地进行。

分析所有这类策略游戏的奥妙就在于应当从结尾出发倒推回去。游戏结束时，你容易知道何种决策有利而何种决策不利。确定了这一点后，你就可以把它用到倒数第2次决策上，以此类推。如果从游戏的开头出发进行分析，那是走不了多远的。其原因在于，所有的战略决策都是要确定：

"如果我这样做，那么下一个人会怎样做？"因此在你之后海盗所做的决定对你来说是重要的，而在你之前的海盗所做的决定并不重要，因为你反正对这些决定也无能为力了。

记住了这一点，就可以知道我们的出发点应当是游戏进行到只剩两名海盗——即1号和2号——的时候。这时最厉害的海盗是2号，而他的最佳分配方案是一目了然的：100块金子全归他一人所有，1号海盗什么也得不到。由于他自己肯定为这个方案投赞成票，这样就占了总数的50%，因此方案获得通过。现在加上3号海盗。1号海盗知道，如果3号的方案被否决，那么最后将只剩两个海盗，而1号将肯定一无所获——此外，3号也明白1号了解这一形势。因此，只要3号的分配方案给1号一点甜头使他不至于空手而归，那么不论3号提出什么样的分配方案，1号都将投赞成票。因此3号需要分出尽可能少的一点金子来贿赂1号海盗，这样就有了下面的分配方案：3号海盗分得99块金子，2号海盗一无所获，1号海盗得一块金子。4号海盗的策略也差不多。他需要有50%的支持票，因此同3号一样也需再找一人做同党。他可以给同党的最低贿赂是一块金子，而他可以用这块金子来收买2号海盗。因为如果4号被否决而3号得以通过，则2号将一无所获。因此，4号的分配方案应是：99块金子归自己，3号一块也得不到，2号得一块金子，1号也是一块也得不到。5号海盗的策略稍有不同。他需要收买另两名海盗，因此至少得用两块金子来贿赂，才能使自己的方案得到采纳。他的分配方案应该是：98块金子归自己，一块金子给3号，一块金子给1号。

这一分析过程可以照着上述思路继续进行下去。每个分配方案都是唯一确定的，它可以使提出该方案的海盗获得尽可能多的金子，同时又保证该方案肯定能通过。照这一模式进行下去，10号海盗提出的方案将是96块金子归他所有，其他编号为偶数的海盗各得一块金子，而编号为奇数的海盗则什么也得不到。这就解决了10名海盗的分配难题。

56.陶杯值多少钱

答案：最后剩了6两。而兄弟平分的话，哥哥就得给弟弟2两。陶杯值2两银子。

在这道题中，销售陶罐的总数与每件陶罐的价钱相同，假设陶罐的总数为$(10a+b)$，其中a代表陶罐总数的十位数，b代表个位数。于是得到销售总收入$(10a+b)(10a+b)$(注：此处表示成平方形式)$=100a^2+20ab+b^2$。如果总收入能平均分，那么这个十位数就应该是个偶数，如今，只分到甲那里，所以总收入的十位数应该是一个奇数。在这个总收入的三项式里，$100a^2$的个位数应该是0，$20ab$的十位数是偶数，它们的和也为偶数，只有b^2不确定，只有让它的十位数为奇数，总收入的十位数才是奇数。根据我们的题设，b是一个1~9之间的自然数，只有4和6的平方的十位数是奇数，而它们的平方分别是16和36。在这个三项式中，$100a^2+20ab$能被10整除。由此可知，弟弟最后剩了6两。而兄弟平分的话，哥哥就得给弟弟2两。

57.四位古希腊少女

答案：预言家是四位少女中的一个，她或者是阿尔法，或者是贝塔，或者是伽玛，或者欧米伽。设：贝塔的预言是正确的。如果贝塔的预言正确，那么伽玛将成为特尔斐城的预言家。这样，伽玛的预言也是正确的。结果就将有两个是预言家。这是不符合题设条件的。因此，贝塔的预言是错的，她后来没有当上预言家。

因为贝塔的预言是错的，所以伽玛后来也没有当上特尔斐城的预言家。伽玛的预言也是错的。伽玛曾经预言："欧米伽不会成为竖琴演奏家。"既然这个预言是错的，那么欧米伽日后将成为竖琴演奏家，而不是预言家。

排除了贝塔、伽玛、欧米伽，只能推出预言家是阿尔法。所以，欧米伽是竖琴演奏家、阿尔法是预言家、贝塔是宫廷侍女、伽玛是职业舞蹈家。

另外，因为欧米伽的预言是错的，所以后来她没有同名叫阿特克赛克斯的男人结婚。

58.判断骑士的活动时间

答案：

卡斯特，7月，海滩，7星期。

歌斯特，3月，沼泽荒野，6星期。

少利弗雷德，1月，森林，3星期。

拜尼，9月，河边，5星期。

蒂米德，5月，村边，4星期。

拜尼离开了5个星期〔线索（7）〕。少利弗雷德周游的时间不可能是6或7星期〔线索（2）〕，而长达6星期的周游开始于3月〔线索（6）〕，线索（2）排除了少利弗雷德的出行时间为4星期，那么他出行的时间一定是3星期，从线索（2）中知道。拜尼5星期的出游一定是9月份开始的。我们知道，歌斯特离开的时间不是3星期和5星期，线索（5）又排除了4星期而另外一位骑士在海边待了7星期〔线索（1）〕，因此通过排除法，歌斯特在沼泽荒野逗留的时间一定是6星期，他是3月出发的。因此蒂米德不是在海滩待了7星期的人〔线索3〕，通过排除法，他出行时间一定是4星期。从线索（3）中知道少利弗雷德在森林中转悠了3星期，通过排除法，在海滩待7星期的一定是卡斯特，他是7月出行的〔线索（8）〕。拜尼出行不是去了村边〔线索（4）〕，那么他一定是在河边转悠，剩下蒂米德去了村边。后者不是1月份出行的〔线索（3）〕，那么一定是5月出行的，剩下去森林的少利弗雷德是1月份出行的。

59.博物馆的盗窃案

答案：查理有罪。作如下推理：

假设詹姆斯无罪，根据（1）、（3）和（4），那么查理或格蕾丝有罪；根据（2），格蕾丝只有伙同查理才作案。这样，查理必定有罪。如果詹姆斯有罪，根据（3），他也必定要伙同查理或格蕾丝作案，查理必定有罪；如果伙同格蕾丝作案，由于（2），查理也必定有罪。所以，不论詹姆斯有没有罪，查理都有罪。

60.卡洛尔谜题

答案：不能。由（1）知：标有日期的信——用粉红色纸写的；（2）知：丽萨写的信——"亲爱的"开头；（3）知：不是约翰写的信——不用黑墨水；（4）知：收藏的信——不能看到；（5）知：只有一页信纸的信——标明了日期；（6）知：不是用黑墨水写的信——做标记；（7）知：用粉红色纸写的信——收藏；（8）知：做标记的信——只有一页信纸；（9）知：约翰的信——不以"亲爱的"开头。

综上所述：丽萨写的信——不是约翰写的信——不是用黑墨水写的信——做了标记——只有一页信纸——标明了日期——用粉色写——收藏起来——皮特不能看到。所以，皮特不能看到丽萨写的信。

61.引起怀疑的箱子

答案：因为这个过境客携带的箱子过重，这样就会导致箱子底部出现一定的倾斜，很容易引起海关人员的注意。

62.地铁站的嫌疑犯

答案：第四个人。因为查理警官想到嫌疑犯跑了很长一段路，一定气喘吁吁，而这六个人中，只有第四个人在大口大口地喘气，并试图用原地运动取暖来掩饰，因此可以判断这个人就是嫌疑犯。

63.钟表问题

答案：钟表时间不准。应该调到11点55分。

7点10分到8点50分中间的1小时40分钟并不是凯特去朋友家所用的时间，因为钟不是准的。

这个问题中，如果我们能够计算出凯特从家到朋友家所需要的时间，就可以确定凯特应该把时间调到几点了，因为用8点50分加上一个半小时，再加上从朋友家到家的时间，就是凯特回到家的真实时间。

要计算出从朋友家回到家的真实时间，我们来看题目，凯特离开家时为7点10分，到家时为11点50分，这之间的时间为280分钟，这280分钟包括凯特在朋友家玩的90分钟（即一个半小时）和两次走路的时间。这样，两次走路的时间就是190分钟，那么从朋友家到自己家所需的时间就是95分钟。这样回到家的时间就是8点50分，加上一个半小时，再加上95分钟，当时的时间就应该是11点55分。

64.游乐园成员

答案：蜻蜓组拥有成员7名；蜜蜂组拥有成员6名；蜘蛛组拥有成员5名。

65.安排座位

答案：（1）首先要找到一个关键的人，就是新西兰人。这是因为五个人中只有新西兰人只会英语，其他每个人除懂得本国语言以外还懂得一门外语，所以，必须安排他坐在两个懂英语的人中间。因而，他的两边一定为中国人和英国人。

（2）有了这三个人的位置，其他两人的位置就好确定了。由于英国人会法语，所以他的旁边可以安排法国人。

（3）由于法国人会日语，所以他的旁边可以安排日本人。

（4）由于日本人会汉语，所以他的旁边可以安排中国人。

66.国会竞选

答案：在两者选一的条件下，从B说的相反角度去考虑，可以有100%-30%=70%的正确率。而A的判断只有60%的正确率，两者相比较，当然会选择正确率高的B。

这个游戏给我们一个启示：对某种判断，如果从相反的角度来考虑，往往会获得意想不到的效果。

67. 准备货币

答案：（1）为了尽可能少地准备货币，应该多用"9元币"。

（2）要支付100元，应当取"9元币"11张，考虑到还要用上小面额的货币，所以9元币只需取10张就够了。

（3）为了支付1元、2元，必须取2张"1元币"，为了支付3元、4元，应再加1张"3元币"，最后加上一张"5元币"，就可以随意支付5元到10元的各种情况了。

所以，本题的答案是至少准备10张9元币，2张1元币及3元币、5元币各1张，一共为14张。

68.谁偷了奶酪

答案：本游戏可以使用假设法来解决：

假设老鼠C说的"我没偷奶酪"或者老鼠D说的"有些人没偷奶酪"是真话，那么只能推出老鼠A说的"我们每个人都偷了奶酪"就是假话，这与游戏中"它们当中只有一只老鼠说了实话"的条件相矛盾；

假设老鼠B说的"我只偷了一颗樱桃"是真话，那么，"我们每个人都偷了奶酪"就是假话，因为它们都偷食物了；

假设老鼠A说的是真话，那么其他三只老鼠说的都是假话，这与游戏中"它们当中只有一只老鼠说了实话"的条件相符合。

所以，A选项的答案"所有的老鼠都偷了奶酪"是正确的。

69.汽车经过的概率

答案：概率是63%。这道题的关键在于95%是见到一辆或多辆汽车的概率，而不是仅见到一辆汽车的概率。在30分钟内，见不到任何车辆的概率为5%。因此在10分钟内见不到任何车辆的概率是这个值的立方根，而在10分钟内见到一辆车的概率则为1减去此立方根，也就是大约63%。

70.一次找出不合格的药品

答案：可能的。

乔治先生的主意是：把10瓶药品编上1～10的号码。从第一瓶中取出一粒，从第二瓶中取出两粒，从第三瓶中取出三粒，以此类推，直至从第十瓶中取出10粒。这55粒药丸的规定重量应该是5500毫克，如果总重量超过10毫克，则其中一粒是超重的，那么就可以断定第一瓶是不合格的，如果总重量超过20毫克，则其中有两粒超重，可以断定第二瓶是不合格的。其余的可以以此类推。所以乔治先生只要称一次就可以找出那瓶不合格的药品了。

71.照片上的人

答案：这个人在看她丈夫的继母的外孙媳妇的照片。

72.褪色的雨伞

答案：他说："我的伞是遮阳用的，你用来遮雨当然要褪色了。"

73.用数量表示爱情

答案：M老师写出下边的数学式。A=100B；B=1000A；若两式成立，则A和B必须都是0，也就是说，A和B的爱都是零。

74.运送陶瓷花瓶

答案：40个陶瓷花瓶。

（1）可以先假设陶瓷花瓶一个都没有碎的话，运输公司最终应该得到2000元运费。

（2）实际情况是运输公司在运送的过程中打碎了花瓶，因为运输公司只得到运费1760元，少了240元。

（3）根据规定（1）和规定（2），打碎一个花瓶，会少得6元，现在总共少得运费240元，那么240÷6=40。

所以，运输公司在运送的过程中一共打碎了40个陶瓷花瓶。

75.平面画直线

答案：1999001个部分。0条直线分平面为1份，1条（1+1）份，2条（2+1+1）份，3条（3+2+1+1）份，1999条（1999+1998+1997+…+2+1+1）份，为1999001份。

76.星期几

答案：星期六。

（1）从2000年到1978年一共间隔了2000年-1978年=22年。

（2）俗话说"四年逢一闰"，把22年÷4=5（个）余2（年），所以22年中有5个闰年。

（3）闰年的二月是29天，全年要比平年多一天，即共有366天，而5个闰年就比5个平年多出5天。计算可得出1978年1月1日到2000年1月1日的天数为：365天×22+5=8035（天）。

（4）因为每周是7天，所以，8035天之中有多少个7天，就是过了多少周，余下的天数便是所求的星期几：8035（天）÷7=1147（周）余6（天）。

所以，公历的2000年1月1日是星期六。

77.胡说八道的论文

答案：4兄弟姐妹中，两男两女的概率要低于3男1女或3女1男的概率。

推理如下：

（1）4个男孩的情况：1种。

（2）4个女孩的情况：1种。

（3）两男两女的情况：6种。

（4）3男1女或3女1男的情况：8种。

其中：3男1女的情况：4种；1男3女的情况：4种。

78.稳操胜券的赌局

答案：只要跟贝克采用同样的下注方法就可以获胜。

79.电影主角

答案：男歌唱家埃兹拉。

（1）根据题意，能够判断出在假设（1）和假设（2）、假设（3）和假设（4）、假设（5）和假设（6）中，都各自只可能有一个符合实际的情况。

（2）同样地，在假设（3）和假设（4）、假设（5）和假设（6）中，也都是各自只能有一个能符合实际情况。

（3）由此，或者是假设（1）、假设（3）和假设（6）组合在一起符合实际情况，或者是假设（2）、假设（4）和假设（5）组合在一起符合实际情况。

（4）如果假设（1）、假设（3）和假设（6）组合是符合实际情况的，那么，导演是布莱克家的女歌唱家费伊，任电影主角的是布莱克家的男歌唱家埃兹拉。

（5）如果假设（2）、假设（4）和假设（5）是符合实际情况的，那么，导演是怀特家的男舞蹈家亚历克斯，任电影主角的是布莱克家的男歌唱家埃兹拉。所以，可以得出结论：不管是哪一种情况，任电影主角的都是布莱克家的男歌唱家埃兹拉。

80.阿诺德智慧

答案：（1）阿诺德可以在自己国家用200买成货，然后带去邻国卖，因为货物没有贬值，可以在邻国卖货物，然后把卖的钱再换成他自己国家的钱。

（2）同理可以在邻国买货到自己国家卖，两边都可以用90元换100元。所以，要不了多长时间，他就可以赚很多钱了。

第四章　玩转思维
——发散变通思维游戏

1. 丢失的螺丝

放暑假，迈克一家自驾去海边玩，结果在一条前不着村后不着店的路上，车爆胎了。爸爸下车，用千斤顶把汽车托起，取下坏掉的轮胎，准备换上备用轮胎。在他正准备装备用轮胎的时候，一不小心把轮胎盖踢到了地上，因为用力过猛，它直接掉到了路边的悬崖下，四个螺母都在上面，如果没有螺母，轮胎就没有办法固定。迈克的爸爸说："你们在这里等着吧，我得去刚才路过的那个镇子找几个螺母来。"可是刚才过去的镇子开车也得走一个多小时。这时迈克的妈妈说："我有办法了，你……这么做就可以了。"你知道迈克的妈妈说的是什么办法吗？

2. 最佳答案

为了增强文物保护能力，法国做了一次民意调查，在一家报纸上出了一道题："假如最大的博物馆卢浮宫着火了，在这种紧急情况下只能抢出一幅画，你会抢哪一幅呢？"

答卷有几百万份，法国著名剧作家贝尔纳的答案却被评为最佳答案。

你知道贝尔纳是怎样回答的吗？

3. 跳车自杀

一个人坐火车去邻镇看病，看完之后病全好了。回来的路上火车经过一条隧道时，这个人却跳车自杀了。请问，这是为什么？

4. 组三角形

有3根木棒，分别长3厘米、5厘米、12厘米。在不折断任何一根木棒的前提下，你能够用这3根木棒拼成一个三角形吗？

5. 琼斯太太受骗记

琼斯太太一大早就去逛宠物市场，她想买一只可爱的宠物陪伴自己。

逛了一天下来，琼斯太太看中了一只非常漂亮的鹦鹉。"老板，这只鹦鹉会说话吗？"琼斯太太问道。

"是的，"老板非常肯定地回答，"这只鹦鹉会重复它所听到的每一句话。"

琼斯太太听到这句话非常高兴，于是当即把这只鹦鹉买了回去。但是她苦心训练了几个月之后却沮丧地发现，这只鹦鹉一句话也不会说。她怀疑宠物店的老板欺骗了自己，于是她返回了宠物店质问他。但是结果却是宠物店老板并没有说谎，你知道这究竟是怎么一回事吗？

6. 奇怪的纸片

一堂数学课上，数学老师举起了一张绘有图形的纸片："请问你们看到了多少个三角形？""4个！""回答正确！"

接着，老师又举起同一张纸片："请问同学们，你们看到了多少个三角形？""8个！""回答正确！"

你是不是感觉很奇怪呢？为什么同一张纸片竟然会有前后两种不同的答案呢？那么，究竟这张纸片上有多少个三角形呢？

7. 阿凡提被处死刑

阿凡提骑着他那头小毛驴到处旅游。一次他到了一个国家，这个国家的国王很害怕聪明的阿凡提，就把他抓了起来。

国王对阿凡提说："我一定要处死你。但是在你临死之前，我可以给你一次预言的机会。你可以预言我如何处死你，但是，如果你的预言对了，我就让你好死（用枪把你打死）一点，否则我就让你上绞刑架，慢慢绞死你。"

阿凡提不慌不忙，笑着说了一句话。国王听了却无法将他处死。你知道阿凡提是怎样说的吗？

8. 铁路规定

铁路系统有规定：旅客可以携带长、宽、高都不超过1米的物品上火车。但是现在你有一根建材管道，它的直径虽然只有2厘米，但是长度却达到了170厘米，所以是禁止携带的物品。但是只要开动一下脑筋，看似不可能的事情也能行得通。你能想个办法使这个不符合规定的建材管道合法地上车吗？

9. 聪明的农民

一位农民丰收后，他拿着大米和黄豆到市场上去卖。而这个农民只有一个袋子，所以只能先把大米倒进袋里，用绳子捆牢，再将黄豆倒进，扎好袋口，形状好似一个葫芦。农民把袋子扛在肩上就上了路。

在半路上，他遇见了一个商人。商人很狡猾，愿意高价买他的大米，但却开出了一个条件——既不交换布袋，又不能把黄豆倒在地上，还要求农民把大米装进他的布袋里，同时也不能剪破布袋。

农民想了想，终于想出了一个好办法，可以满足条件地将大米倒进商人的布袋。

请问：这个农民用的是什么方法？

10. 平分牛奶

有两个大小、形状和重量相等的瓶子，一个装有大半瓶的牛奶，另一个是空瓶子。请问，在没有任何称量工具的情况下，应如何分配这些牛奶，才能使两个瓶子中的牛奶一样多？

11. 有惊无险

一位玻璃清洁工在清洗一座大楼第20层的玻璃时不慎坠落下来，但他只受了点轻微的擦伤。他当时没系安全带，也没有东西接住他。发生这种情况有可能吗？

12. 这个地方是哪里

动物园里有一头狮子逃跑了，只要是活的动物，这头异常凶猛的狮子都会咬死它们，就算其他的狮子同伴也不例外。这头狮子是趁管理员忘了把栅栏上锁的空当逃出去的，虽然狮子仍潜伏在动物园内，但是不知道它确切躲藏的位置，管理员紧急联络相关的人员后，不慌不忙地到一个安全的地方去避难，请问这个地方是哪里？

13. 结核病死亡率

某国的X州，其结核病的死亡率居全国第一位。但此州空气清新，卫生、文化条件亦属一流，为何有此现象发生呢？

14. 出售水果和图书

有个国家的法律规定，星期天只可以出售水果这种有时间性、易变质的商品，而出售像图书这种短期内不会失去有效性的商品是违法的。那么应该怎么做才能在星期天把两种商品都合法地卖出去呢？

15. 近视眼购物

珍妮的眼睛高度近视，虽然平时她戴有框眼镜的次数多于戴隐形眼镜，但只有在购买某件物品时，珍妮还是觉得戴隐形眼镜比较合适。那么，珍妮购买的某件物品到底是什么呢？

16. 还剩几只兔子

在一个菜园里，有100只兔子在偷吃胡萝卜，农夫看见后非常生气，拿起枪"砰"的一声打死了一只兔子。请问，菜园里还剩几只兔子？

17. 下雨天打伞

室外下着倾盆大雨，有两个大人共用一把伞在街上走着，但是却只有一个人弄湿了裤子。你知道这是为什么吗？

18. 压不破的鸡蛋

有个人在空房间的地板上放置4个蛋，然后用1个铁制的大滚筒推压整个房间，蛋却一个都没破。这是为什么？

19. 你 的 位 置

在一场马拉松比赛中，几经努力，你终于超过了位于第二名的选手，请问，你现在是第几名？

20. 两人过独木桥

有一条小河哗哗地流着水，河上有座独木桥。从南边来了一个人，他推着独轮车子，上面装满了木柴；到北边去的那个人，挑着两捆苇子。两人走得都匆匆忙忙，都要同时通过独木桥。可是两人在桥上并没有争吵，也没有推搡，就顺顺利利地过了桥。请问，他们是怎么过的桥？

21. 智 取 王 冠

英明的国王为了考验大臣们的智慧，特意命人在皇宫中放了一块很大的地毯，地毯正中有一顶金光闪闪的王冠。国王宣布，如果谁能不踏上地毯就能拿到王冠，那就立刻被封为宰相，当然不准用其他任何工具，只能用手。

大臣们都争先恐后地伸手去拿王冠，但怎么也够不着，有些人还摔倒在地毯上，出尽洋相。这时，有一个大臣，他没有踏着地毯，却走到了王冠跟前，双手抱着了王冠。于是，这个大臣当上了宰相。那么，这个大臣是怎么拿到王冠的呢？

22. 看 书

有一个健康的人在台灯下看书，这时突然停电了，可是他却无动于衷，继续坐着看书。你知道这是为什么吗？

23. 不卖的书

有一种书从不单独卖给顾客，你知道这是什么书吗？

24. 辩护律师

有一个非常擅长处理离婚诉讼案件的律师，他总是站在妻子这一边，免费帮她们向先生争取高额的赡养费，因而声名大噪。没想到后来，这位律师自己也面临离婚问题，不过，他的原则仍没有改变，这次也是站在妻子这一边，免费替她辩护，帮她争取到高额的赡养费。可是奇怪的是，这个律师一毛钱也没损失。你觉得这种事情可能吗？

25. 切 蛋 糕

有一个长方形蛋糕，切掉了长方形的一块（大小和位置随意），你怎样才能直直地一刀下去，将剩下的蛋糕切成大小相等的两块？

26. 养 金 鱼

杰克养的红金鱼和黑金鱼大小差不多，但黑金鱼吃的饲料分量却是红金鱼的两倍。你知道这是为什么吗？

27. 辨别瓶子的大小

有两个形状不同的瓶子，用肉眼很难分辨出哪个体积大，哪个体积小。请问，在没有任何测量工具的情况下，如何分辨出哪个瓶子体积更大？

28. 淘气的吉姆

吉姆的妈妈什么时候才不用担心吉姆碰倒她心爱的花瓶呢？

29. 两对父子去吃饭

两对父子去餐厅就餐，但是服务员只给了他们三套餐具。这是为什么呢？

30. 好听的字母

在26个英文字母中，哪两个字母很多人都喜欢听呢？

31. 回到原点的勘探队

有一个勘探队从某一个地点开始出发，依次向南、向东、向北各走了1000米，结果又回到了原点。

请问，这是为什么？

32. 卓别林剪发

卓别林来到一个小镇，镇上的朋友告诉他，小镇只有两家理发店，每家只有一个理发师。他先来到第一家，见里面干净整洁，理发师的发型漂亮有型。然后他又去第二家，只见里面又乱又脏，理发师的发型乱七八糟。你说他应该光顾哪一家？

33. 扔 火 柴

拿1根火柴从1米高的地方松手让它下落，你能让它落地后不再滚动吗？

34. 聪明的仆人

从前，有一个狡猾的财主。他交代仆人："明天你要把这1000只羊卖到集市上去，晚上再把卖得的钱和1000只羊一只不少地交还给我。"

这个仆人感到非常为难，如果要交卖羊款，就交不齐1000只羊；如果要交齐1000只羊，那么卖羊款从哪里来呢？但到了最后，他还是想出了一个办法。

第二天，仆人把1000只羊全部赶到市场上去，在晚上的时候，他果真把1000只羊和卖羊的钱交给了财主，财主自然无话可说了。请问：仆人想的是什么办法呢？

35. 把房子装满

一位富翁年事已高，他想把自己的一栋房子分给三个儿子中的一个。

一天晚上，富翁把三个儿子带到那栋房子前，并对他们说："你们谁能用最短的时间，用一种东西把这栋房子填满，这栋房子就属于谁。"

在三个儿子中，小儿子是最机敏的，他最先采取行动，并且很快用一种东西把房子填满了。老大和老二看了都自愧不如，所以小儿子理所当然地得到了房子。

那么，你知道聪明的小儿子是用什么东西将房子填满的吗？

36. 相　遇

有一个人从甲地骑自行车到乙地去，而另一个人以前一个人两倍的速度从乙地驶往甲地。在路上，他们相遇了。你知道这时谁离甲地更近吗？

37. 过　河

在一条荒无人迹的小河边，停着一只很小很小的船，这只小船只能承载一个人，要是稍微超重，就有可能沉没。有两位生意人，他们同时来到小河边，都要到对岸去做生意。但意外的是，这两位生意人都乘坐这只小船过了河，小船依然停靠在小河边。

你知道这两位生意人过河的秘密是什么吗？

38. 整　除

给你三张标有数字2、1、6的卡片。请问，如何组合才能让组合成的数字被43整除？

39. 没有铁轨的铁路

杰克是一名铁路博物馆的介绍员。今天，他对参观者说："从A市到B市之间，大约有两公里的地方没有路轨。"这一段话立刻引起乘客的议论。因为行驶中的火车如果突然脱轨的话，就会造成很严重的后果。然而这段铁路自通车以来，却一直平安无事。你知道是什么原因吗？

40. 绕行太阳

一个宇航员骄傲地对他的父亲说，他已经绕行地球二十圈了。而他的父亲却说："这有什么稀奇的，我已经不定期绕行太阳五十圈了呢！"

请问，他的父亲是在吹牛吗？

41.兰花的数量

布朗夫人很喜欢花，她在花园里种了30朵花，分别是郁金香和兰花。无论你摘下任何两朵花，都至少有1朵是郁金香。那么，你能判断出她种了多少朵兰花吗？

42.如何过桥

一支行进中的队伍在一座大桥前停了下来。原来在队伍前方有一座长30米的桥，桥上标注的最大承重量为15吨，但队伍中有一辆坦克的重量是14吨，它拉着的一架迫击炮的重量是3吨，加起来是17吨的重量，所以无法过桥。这时，队伍中一名聪明的战士想到了一个很简单的方法，就让这辆坦克拉载着迫击炮过了桥。你能想出他用的是什么方法吗？

43.蚊子搞沉大型油轮

一艘大型油轮在太平洋上航行，当油轮航行到一个海湾时，黑压压的蚊子扑向油轮。甲板上黑乎乎的一层蚊子嗡嗡叫着，声音超过了油轮的轰鸣声。船员们千方百计驱赶这群蚊子，但总是难以奏效。最后，巨大的油轮竟被小小的蚊子给搞沉了。

你知道这是什么原因吗？

44.被解雇的保镖

有一个身家亿万的老板怕别人谋害他，就请了好几个保镖日夜保护他。一个夜间值班的保镖对老板说："我突然得到一个神奇的预示，请您今天不要乘坐开往西班牙的213次飞机，否则会有生命危险。"

老板对他的话有点儿不信，但还是改变了启程的日期。晚上的电视台报道——这天飞往西班牙的213次航班发生爆炸，乘客全部遇难。

老板十分庆幸，就问那个保镖是怎么回事。保镖很得意地告诉他："那个预示是我做梦时得到的。"老板听了之后说："你被解雇了。"

保镖顿时张口结舌，不知道老板为何要解雇他。你知道吗？

45．儿子摔伤了

星期天，爸爸带着儿子去溜冰。溜冰虽然很好玩，可是冰面却很滑，儿子一不留心就重重地摔倒在冰面上，把胳膊肘给摔破了，爸爸只好把儿子送到医院。

看病的医生埋怨爸爸："你怎么把儿子摔得伤痕累累？"爸爸一句话都说不出来，只好低头认罪，医生才原谅了孩子的爸爸，赶忙给儿子医治。

请问：这到底是怎么一回事呢？

46．聪明的男服务员

某酒店的男服务员在规定的时间进入客人的房间打扫卫生。当他推开门时，突然看见里面的女客人正在更衣，当时她正好没穿衣服，于是惊叫了一声，这名聪明的服务员说了一句话，然后就退出房间。你知道他怎么说可以使这位女客人摆脱尴尬吗？

47．船沉的迷惑

有一个人曾经有过这样的经历：他和很多人乘坐在一条船上打牌或者喝咖啡，这时船慢慢地沉了下去，但却没有人惊慌，也没有人去穿救生衣，或者上救生艇逃命，大家还是按照原来正在做的事情继续做下去，直到船沉没了。你知道这是为什么吗？

48．一天黑两次

太阳每升起、落下一次，天就会亮一次黑一次，这就是一天。那么，有没有一天里天黑两次的？

49. 夫妻吵架

有这样的一对夫妻，他们两人年纪相同，都是40岁。婚后，他们每天都要吵架，而且每天只吵架一次。可是，在上个月，他们只吵架15次。这是怎么回事？

50. 电梯坠落的瞬间

有一个人一次乘电梯时，由于电梯的缆绳断了，整个电梯厢快速地往下掉，情况相当危急。但是他却不怎么着急，他冷静地想："不要慌，只要在电梯厢着地的刹那把握住机会，往上一跳，就不会跟地面撞击了。"

就在电梯厢快要碰到地面时，他猛力一跳。请你猜猜看，结果会怎样？

51. 船上卸西瓜

麦克装了满满一船西瓜，准备运到河对岸的城里去卖。为了赶时间，船还没有靠岸，缆绳也没系，他就开始卸起了西瓜。麦克站在船尾把一个西瓜扔给岸上的琼斯，琼斯伸手就接着了西瓜，当麦克扔第二个西瓜时，琼斯伸着手却没有接着，西瓜掉在石头上摔了个粉碎。难道琼斯接西瓜的技术不高明吗？

52. 盲人买罐子

在伊拉克首都巴格达大街尽头的一个小货摊前面，摆着许多精致光滑的罐子，有白色的，有黑色的。温暖的阳光洒在上面，闪闪烁烁，光彩照人，货主不停地吆喝着，招揽来往的行人。

有位盲人听到喊声走过去，向货主说："我想买个罐子，请你介绍一下吧！"货主忙进行了一番介绍。然后说："先生，这是巴格达最好的罐子，我不欺骗你——骗人会受到真主惩罚的！买一个吧，几十个罐子，卖得就剩这几个了。"说着连连敲打着罐子，发出清脆的响声。

盲人又问："你的罐子是什么颜色的？""四个白的，一个黑的，一共五个。"货主说："白的两元一个，黑的三元一个。别看黑的贵，一分钱一分货，黑的结实，耐用。"

"那就买一个黑的吧。"盲人说着，掏出钱付给货主。

奸诈的货主收下钱，眼珠骨碌一转，把一只白罐子给了盲人。

盲人接过罐子，上下摸了个遍，又伸手摸其余四个。摸过后，盲人突然高声喊道："你这个狡猾的商人，为什么要欺骗一位双目失明的人？"

试问，盲人怎么知道自己被骗了呢？

53. 小狗听不懂

有位富有的老板娘闲着无聊，养了一只聪明伶俐的小狗。她为了把这只狗培育成世界上一流的名狗，就把它送到了美国一家著名的驯狗场去。

半年多过后，训练完的小狗被送了回来，随狗回来的还附着一封信，上面写道："这只狗毕业成绩不错，只要你命令它，学过的动作，它都会圆满地做给你看！"可是老板娘命令小狗，小狗却一个动作也没做。真是狗留了学架子也变大了。真是这样吗？

54. 巧找白糖

三只瓶里分别装着白糖、碱面和精盐。你能不用嘴尝、不用鼻子闻，只用两个手指就能分辨出哪个瓶子里装的是什么吗？

55. 搬　家

有个人的左右邻居各养了一只狗。而这两只狗，一入夜就狂吠不已，吵得他无法入睡。他终于忍无可忍了，就决定拿1000元作为搬迁费，要求这两家人迁走，这两位邻居都答应了下来，并且带着狗迁居他处。但到了晚上，相同的狗吠声又再度响起，这到底是怎么一回事呢？

56. 碰撞的鸡蛋

一个人的两只手里各拿一个鸡蛋，拿一个去撞另一个。假如两只鸡蛋都是一样坚硬，大小、形状完全一样，而且都是同一部位互相碰撞，问碰破的鸡蛋会是哪一只？

57. 肚子上碎大石

一块大石头，有三四十千克重，放在一个躺着的人的肚子上，另一个人抡起铁锤，使劲砸石头，会不会把躺着的人的肚子给砸坏呢？

58. 谁先发觉

有两座高山，中间相隔500多米。有一天晚上，在第一座高山的山顶上有三个人：一个双目失明的人，一个双耳失聪的人，还有一个虽然双眼、双耳都正常，可是因为太疲倦，所以躺在地上睡着了的人，因此，这个人既看不见，也听不见。

夜里非常安静，忽然，在第二座高山上有人向这边放了一枪，双目失明的人，马上听见了"砰"的枪声；双耳失聪的人，虽然听不见，可是却看到了枪口上的火光；而那个睡着的人呢，他也发觉了，原来那颗枪弹恰巧擦着他的鼻尖飞过去。

当然，他们三人都发现有人放过枪，可是你能说出是谁最先发觉的吗？

59. 冷水灭火快还是热水灭火快

同样大小的两堆干柴燃烧着，一人用一桶冷水去浇，另一人用一桶开水去浇，冷水和开水的用量是相同的。你说，哪一堆火先灭？

60. 哪种方式最省力

同一匹马，一：让马驮两袋麦；二：拉两轮车、两袋麦和一个人；三：拉四轮车、两袋麦和一个人。请问，哪种方式马最省力？为什么？

61. 两只小兔分蘑菇

两只小兔子分蘑菇。它俩都不想少要，便争吵起来。于是，森林中最聪明的老猴子给它们出了一个奇怪的主意，结果它们拿着自己的蘑菇，高高兴兴地回去了。

请问：老猴子给他们出的是什么主意？

62. 出入眼科医院

有一个人胃有毛病，但是，却总看到他出入眼科医院，你能猜出这是为什么吗？

63. 看到什么影像

一个人站在两块相对排放着的立镜中间，就会照出一连串很多的影像。那么，假设有一间小屋，屋内上下、左右、前后都铺满了无缝隙的镜片，请问：当一个人走进这间小屋时，他能看到什么样的影像呢？

64. 怎么切蛋糕

把一块蛋糕切成均匀的八块，要求只切三刀。你会切吗？

65. 车　牌　号

一位正在穿行人行横道的男子，被突如其来的一辆车撞倒。肇事汽车停都未停便逃之夭夭。被撞的人气息奄奄，在被送往医院途中，只说了逃跑汽车的车号是"6198"，便断气了。

警察马上找到了该牌号的车辆，但该车驾驶员有确切的不在现场的证据，而且这辆车在案发前就坏了并送到了修理厂。

如此说来，嫌疑人的车牌号不是"6198"。然而，聪明的警察很快便抓到了真正的肇事车主。

你知道这是为什么吗？

66. 奇怪的对话

一天，尼德尔瓦勒先生骑自行车外出时碰到了一个老朋友。

"我们都好几年没见了吧。"他说。

"是啊，"他的朋友回答说，"自从上次我们在缅甸见面之后我就结婚了，我和我的爱人都在仰光工作。你肯定不认识，这是我们的小女儿。"

"好漂亮的孩子，"尼德尔瓦勒先生回答说，"你叫什么名字？"

"谢谢您，先生，我和我妈妈同名。"

"哦，是吗，你和埃莉诺长得真像。这也是我很喜欢的一个名字。"尼德尔瓦勒先生回答说。

那么，尼德尔瓦勒先生是如何知道这个小女孩的名字是埃莉诺的呢？

67. 装蜜蜂的瓶子

凯伦将许多蜜蜂装在一个小玻璃瓶里，然后将玻璃瓶放在秤上，玻璃瓶的瓶口是密封的。那么，当蜜蜂都停在玻璃瓶的底部的时候秤的读数大呢，还是蜜蜂在玻璃瓶中乱飞的时候秤的读数大？

68. 孪生姐妹

有这样一件怪事：一对孪生姐妹，姐姐出生在2001年，妹妹出生在2000年，你说这有可能吗？

69. 问题出在哪里呢

硅谷一家大集团致电欧洲供应商要求订一批半导体材料，这家大集团非常精确地指定交货日期。但是，信誉良好的欧洲供应商每一批交货日期都至少有一个月的误差，有些货物太早送到，有些货物却迟交。硅谷大集团打电话质问其原因，欧洲供应商说他们的货物都是由物流公司经营的，物流公司却说他们也是按照合同上的时间按时送达的。

那么问题出在了哪一个环节呢？

70. 金字塔的高度

埃及金字塔中数胡夫金字塔最为壮观，它的神秘和高度使许多人为之倾倒。它的底边长230.6米，由230万块重达2.5吨的巨石堆砌而成。

金字塔塔身是斜的，即使有人爬到塔顶，也无法测量其高度。后来有一个数学家解决了这个难题，你知道他是怎么做的吗？

71. 揪出偷鱼贼

从前，有一位商人在荷兰的阿姆斯特丹港口，向当地渔民购买了5000吨青鱼。为了防止丢失，他亲自监督过磅，然后又亲眼看着装上船，这才放心地起锚开航。旅途中，他派专人看守盛鱼的船舱，认为这样做就能万无一失了。当船航行几十天后，停泊在了非洲赤道附近的马加沙港，准备在那儿卖鱼脱手。谁知一过秤，却发现青鱼少了将近19吨。丢失的鱼到哪里去了？被偷是不可能的，因为轮船沿途并没有靠过岸。当时，大家都无法揭开这个秘密。那么，你能解开这个谜，揪出那个偷鱼贼吗？

72. 猜 物 品

在我们的身边，因为四季的变化，有的东西随着气温的下降而增多，随着气温的升高而减少，而且以非常严密的数值与温度相对应。这到底是什么东西呢？

73. 埃菲尔铁塔的谜团

享誉世界的埃菲尔铁塔是法国首都巴黎的代表性建筑。它高300米，总重量达7000多吨。但是在它建成之初，有三个谜团困扰了人们很久：

第一，这座铁塔只有在夜间才是与地面垂直的。

第二，上午，铁塔向西偏斜100毫米；到了中午，铁塔向北偏斜70毫米。

第三，冬季，气温降到零下10摄氏度时，塔身比在炎热的夏季时矮17厘米。

当有人问铁塔的设计者埃菲尔时，他合理地解释了这些问题。你知道其中的奥妙吗？

74. 草原失火

在大草原上，有一天，一群旅客正顶着大风在草原上行走。突然，有人发现前方不远处浓烟滚滚。"不好！大草原失火了！"风助火威，大火迅速向他们逼近。大家拼命掉头往回跑。但是大火跑得可比他们快。人的体力毕竟有限，火与人的距离越来越近，而脚下的草原漫无边际。惊慌、绝望使人们再也跑不动了，他们纷纷跌倒在干草地上。

正在万分危急时，一位老猎人赶来了。他看了一下火势，果断地说："听我指挥！大家马上动手割掉面前的一片干草，清出两丈见方的地方。"大家怀着生还的希望，不一会儿就清出了一块不大的空地。老猎人让大家在空地的一边集中。大火越来越近了。这时，只见老猎人不慌不忙地把一束烧着的干草扔到迎着大火那面的干草丛里，然后走到空地中央，对大家说："现在你们可以看看火怎么跟火'作战'了。"

奇怪的事情发生了，老猎人放的火并没有向人们烧来，反而迎着风，向大火方向烧去，这两股火相遇，打起架来了。几分钟后，大火绕过这块空地，向前面奔去了。

人们得救了，旅客们围着老猎人激动得眼泪直淌。放的火怎么会顶风扑向大火呢？你能说说这是什么道理吗？

75. 淋不着雨的地方

整个区域都在下大雨，杰克就在这个区域里，并且站在室外，头上就是天空，他没用任何防雨物品，却一点也没淋着雨。这是怎么回事？

76. 奇怪的天气预报

这是发生在欧洲最北部的城市哈默菲斯特的事情。A先生在旅馆里一边烤火，一边吃午餐。这时，收音机在正午报时后，开始播天气预报。

"目前正在下的雪，将在24小时后停止。48小时后，太阳将会出来。"

A先生听后很生气，说："不管怎么说，这种天气预报简直是胡说八道！"请问，A先生为何生气？

77. 塞紧瓶塞的空瓶子

有位海员常和没有经验的旅客开玩笑，他用很长的绳子把一个塞紧瓶塞的空瓶子系上重物，然后沉入很深的海里。当把瓶子提上来时，里面竟然装满了海水！旅客很惊讶，因为瓶塞仍在瓶子上面紧紧地塞着。你知道这是怎么回事吗？

78. 举重冠军

有一位体重52千克的举重冠军，他可以抓举起110千克重的杠铃。现在有一个固定在训练室房梁上的定滑轮，上面挂了一条绳子，绳子一端拴有一块70千克重的石头。

请问：举重冠军用力拉绳子的另一端，能不能把70千克重的石头拉上去呢？

79. 摔不倒的小丑

每当看马戏表演时，我们都被台上的小丑逗得哈哈大笑。小丑头戴一顶尖帽子，脚穿一双大皮鞋，在台上前仰后合，丑态百出，总像要摔倒的样子，可他总也摔不倒。这里有什么奥秘?

80. 幸 存 者

如果一架飞机不偏不倚正好坠落在美国和加拿大的边界。在这种情况下,你该在哪一个国家埋葬幸存者?

本章答案

1.丢失的螺丝

答案:迈克的妈妈建议,从车子的其他三个轮胎上各拆下一个螺母,然后把它们装在第四只轮子上。这样慢慢将车开到下一个镇子,在那里买螺母就可以了。这样一来迈克的爸爸不用走那么久的路,大家也不用等很久了。

2.最佳答案

答案:贝尔纳的回答:"我抢离出口最近的那幅画。"

3.跳车自杀

答案:此人原是瞎子,病好后终于重见光明,经过隧道时一片黑暗,他以为自己又瞎了,非常绝望,就跳车自杀了。

4.组三角形

答案:可以,因为题目中并没有说木棒必须首尾相接,将它们交叉摆放即可。

5.琼斯太太受骗记

答案:宠物店老板并没有说谎,但他却是一个奸诈的老板。因为他故意少说了一句话,这只鹦鹉其实耳聋了,当然听不到别人说的话。

6.奇怪的纸片

答案:老师前后两次给同学们看的是正、反两面。一面绘有4个三角形,一面绘有8个三角形。

7.阿凡提被处死刑

答案:阿凡提的话是:"上绞刑架被枪毙。"无论国王对阿凡提采取哪种处死方式都不符合道理，所以无法处死阿凡提。

8.铁路规定

答案：找一个长、宽、高都是1米的大箱子。把建材管斜斜地放进去。因为1米见方的箱子的对角线正好超过了170厘米，所以这样就符合铁路系统的规定了。

9.聪明的农民

答案：农民先把黄豆倒进商人的布袋，用绳子捆紧后，又把商人的布袋朝里翻过来，再倒进大米。最后，从里面解开绳子，把黄豆倒回自己的布袋里。这样，商人布袋里剩下的就是大米了。

10.平分牛奶

答案：让这两个瓶子浮在水面上，将牛奶倒来倒去，直到这两个瓶子浮在水面上的高度相等时，这些牛奶就被平分了。

11.有惊无险

答案：有可能。他正在清理窗户里面的玻璃。

12.这个地方是哪里

答案：逃走狮子的栅栏里。因为它是头连同伴都会咬死的狮子，所以一定不可能跟其他的狮子关在一起，因此这个地方非常安全。

13.结核病死亡率

答案：X州乃全国结核病治疗的最高中心，境内有许多专门性医院。全国罹患重症的结核病患者均集于此处，死亡率高的原因是有人因重病去世。

14.出售水果和图书

答案：商店可以把水果价钱提高，每次购买就赠送一些图书。

15.近视眼购物

答案：眼镜框。因为珍妮的眼睛高度近视，一拿掉眼镜几乎看不见东西，如果不戴隐形眼镜，自己就看不清眼镜框是否适合自己了。

16.还剩几只兔子

答案：剩一只死兔子。

17.下雨天打伞

答案：另一个人穿着裙子或短裤。

18.压不破的鸡蛋

答案：因为4个蛋被放在房间的4个角落。这个大滚筒有压不到的空隙，所以蛋不会被压破。

19.你的位置

答案：第二名。如果你想答第一名，那你就错啦！因为你超过第二名，第二名之前还有一位选手，所以你的位置是第二名。

20.两人过独木桥

答案：南来北往，实际是向同一个方向。

21.智取王冠

答案：他用手先将地毯卷成筒，然后走到王冠跟前，捧走了王冠。

22.看书

答案：当时是白天。

23.不卖的书

答案：说明书。

24.辩护律师

答案：有可能。因为这位律师是女性。也就是说这个离婚诉讼是妻子自己替自己辩护，向丈夫争取赡养费，所以这位女士当然不会有金钱方面的损失。

25.切蛋糕

答案：将完整的蛋糕的中心与被切掉的那块蛋糕的中心连成一条线。这个方法也适用于立方体。请注意，切掉的那块蛋糕的大小和位置是随意的，不要一心想着自己切生日蛋糕的方式，要跳出这个圈子。

26.养金鱼

答案：因为黑金鱼的数量可能是红金鱼的两倍。

27.辨别瓶子的大小

答案：只需往第一个瓶子中注满水，然后倒入第二个瓶子中，如果水溢出来了，那么说明第一个瓶子体积大；如果没有溢出，则说明第二个瓶子体积大。

28.淘气的吉姆

答案：花瓶被摔破之后。

29.两对父子去吃饭

答案：他们是祖孙三人。

30.好听的字母

答案：CD。

31.回到原点的勘探队

答案：因为勘探队员位于北极点上。

32.卓别林剪发

答案：镇上有两个理发师，他们必然互相给对方理发，第一家的理发师发型好，那证明第二家的理发师技艺高超，故答案已经很明显了。

33.扔火柴

答案：火柴从高处落地后会滚动，是因为火柴的形状细长，稍有侧力就会滚动。其实，只需要改变火柴细长的形状就行了。比如把火柴沿中间折弯，火柴落地后就不滚动了。

34.聪明的仆人

答案：仆人将羊毛剪下卖掉，将售出的钱连同1000只羊一并交给了财主。

35.把房子装满

答案：小儿子把点燃的蜡烛拿进空房子，用烛光填满了房子。

36.相遇

答案：他们离甲地的距离是一样的。因为他们相遇时是在同一位置。

37.过河

答案：两人分别处在河两岸，一个渡过去，另一个渡回来。

38.整除

答案：129。"6"是可以翻过来的。

39.没有铁轨的铁路

答案：由于铁具有冷缩热胀的特性，因此在铺设铁路的时候，都会在车轨之间留有空隙，好让铁轨在受热膨胀时有地方伸展，以此避免铁路弯曲，酿成意外。但是由于A与B市之间距离很远，因此铁轨之间的空隙加起来便有两公里。

40.绕行太阳

答案：没有。他父亲今年五十岁，地球每年绕行太阳一圈。

41.兰花的数量

答案：只有1朵兰花。

42.如何过桥

答案：他让其他战士用超过30米的绳索把迫击炮系在坦克后面，这样坦克和迫击炮的重量不会同时压在桥上面，这样就可以顺利过桥了。

43.蚊子搞沉大型油轮

答案：由于驾驶室的瞭望窗全部被蚊子遮盖，舵手不能分辨方向，致使油轮不幸触礁沉没。

44.被解雇的保镖

答案：保镖夜间值班做梦是失于职守，因此被解雇。

45.儿子摔伤了

答案：医生是这个孩子的妈妈。

46.聪明的男服务员

答案：他说："对不起，先生。"

47.船沉的迷惑

答案：他和这些人是在潜水艇里。

48.一天黑两次

答案：那就是发生日全食的那一天。

49.夫妻吵架

答案：他们在上个月的16日离婚。

50.电梯坠落的瞬间

答案：这个人根本就无法跳，因为在降落过程中人是悬浮的，无法用力。

51.船上卸西瓜

答案：不是琼斯接西瓜的技术不高明。原来，当麦克站在船尾向岸上扔西瓜时，人会受到力的反作用，船就会离岸移开，麦克与琼斯的距离就加大了。

52.盲人买罐子

答案：原来，白罐子反射阳光，黑罐子能吸收阳光。在阳光的照射下，黑罐子晒得热乎乎的，白罐子只稍微有点热，用手一摸，就能感觉出是黑是白。

53.小狗听不懂

答案：不是的。因为小狗留美时训练师讲的是英语，而用他国语言命令它时，它自然听不懂。

54.巧找白糖

答案：可以。只要用两个手指捻一捻，就可以凭感觉定出这三种东西，因为糖黏、盐涩、碱滑。

55.搬家

答案：两位邻居只是互相调换了房子，这不也叫搬家吗？

56.碰撞的鸡蛋

答案：从表面看来，两个鸡蛋所处的状况似乎是不同的，一个不动，一个在运动。其实，要讲一个物体在运动，都是相对而言的，也就是说，至少要有两个物体的相对位置在变化。所以从这点来看，我们说的这两个鸡蛋是在相互接近，它们所处的运动状况是相同的。因此，二者被碰破的可能性是一样的。

57.肚子上碎大石

答案：石头受到铁锤打击，向下运动，然后才挤压肚子。石头很重，因而保持静止状态的惯性很大。同时，因为石头的面积比较大，又把力量分散了，所以那人的肚子不会被砸坏。若是压在肚子上的石头又小又轻，情形就完全不同了。铁锤砸下去，石头会猛烈冲击肚子，躺着的人一定会受伤，甚至会有生命危险。

58.谁先发觉

答案：光速为30万千米/秒，子弹速度约为100米/秒，而声速为340米/秒。可见最先发觉有人开枪的是双耳失聪的人，其次是睡着了的人，最后是双目失明的人。

59.冷水灭火快还是热水灭火快

答案：用开水浇的一堆火先熄灭。开水碰着燃烧的物体，一下子就吸收了大量的热。这些热量很快就随同蒸气散发掉了。所以，开水很快就将火熄灭。冷水碰到燃烧的物体，先要吸收热量使水变热，然后才能变为气体蒸发。所以，冷水不如开水灭火快。

60.哪种方式最省力

答案：第三种方式马最省力。驮东西是费力的，因为既要把物体举起，又要把物体带走。拉二轮车省力多了，可是还是抬着车子的一端。拉四轮车就更省力了，因为马不用花力去举起物体，只要把车子拉动就行了。

61.两只小兔分蘑菇

答案：现在我们不用两只兔子的名字来称呼他们，而换作A、B代表。老猴子给他们出的主意就是：兔子A先将蘑菇平均分成两份，然后由兔子B

在两份中挑走其中的一份，剩下的一份就是属于兔子A的。因为蘑菇是由兔子A分的，所以在他的眼中，这两份当然是一样多的。兔子B在两份中挑选的时候，当然会挑走他认为比较大的一份。这样，两个兔子就都满意了。

62.出入眼科医院

答案：一般情况下，一个人是绝不会患有严重的胃病而频繁出入眼科医院的。本题中的患者这么做，最有可能的原因是：他是一名眼科医生。

63.看到什么影像

答案：什么都看不到。因为镜子的背面是水银，而且屋子里铺满了镜子，屋中进不了光线，所以这个人进入这样的屋子，什么都看不到。

64.怎么切蛋糕

答案：先以蛋糕为中心切个平衡的十字，再从侧面对称切一刀，就成了均匀的八块蛋糕。

65.车牌号

答案：警方推断，被车撞后仰面倒地的男子，很可能将逃跑车辆的号码上下看颠倒了。"6198"的数字倒过来看，就成了"8619"。警方按此线索调查，果然抓到了交通肇事犯。

66.奇怪的对话

答案：尼德尔瓦勒先生的那个朋友是位女士，而不是男士。他当然知道他朋友的名字，所以朋友女儿的名字当然就是埃莉诺了。

67.装蜜蜂的瓶子

答案：重量是一样的。称得的重量取决于瓶子和其中装的东西，而这些并不改变。当蜜蜂在飞时，它们的重量被气流传递，作用在瓶子上，尤其是翅膀扇出的向下的气流。

68.孪生姐妹

答案：有可能。如果姐姐是在2001年1月1日出生在一艘由西向东将过日界线的客轮上，而妹妹则是在客轮上过了日界线后才出生的。那时的时间还是处在2000年12月31日。所以，按年月日计算，妹妹似乎要比姐姐早1年出生。

69.问题出在哪里呢

答案：问题出在日期的书写方式不同。美国公司用的日期格式是月日年，欧洲供应商用的日期格式是日月年。比如，美国公司要求的是2004年7

月5日送货，就表示为7/5/04，而欧洲供应商就会把7/5/04的货物在2004年5月7日送达。

70.金字塔的高度

答案：挑一个好天气，从中午一直等到下午。当太阳的光线给每个人和金字塔投下阴影时，就开始行动。在测量者的影子和身高相等的时候，测量出金字塔阴影的长度，这就是金字塔的高度。因为测量者的影子和身高相等的时候，太阳光正好是45度角射向地面。

71.揪出偷鱼贼

答案：物体所受重力的大小，取决于地球对物体的吸引力。地球对同一物体的吸引力，在地球表面的不同地方，实际上是不完全相同的，它随着离地心距离的大小而改变。距离近了，吸引力就大些；距离远了，吸引力就小些。据科学计算，在两极地区物体的重力，要比赤道附近大0.53%。如果在南北极称是1千克的东西，运到赤道附近时，就只有0.9947千克了。同时，物体重力还同地球的自转速度有很大关系。在南北极，基本上不受地球旋转的影响，所以，那儿的地球引力最大；在赤道附近，受地球旋转的影响最大，地球引力就会减小。基于以上原因，那位商人将5000吨青鱼从北极附近的阿姆斯特丹运到赤道附近的马加，自然就减少19吨。因此，偷鱼贼不是别人，而是"地球引力"。

72.猜物品

答案：温度计的空白部分。

73.埃菲尔铁塔的谜团

答案：埃菲尔铁塔是钢铁结构的，由于热胀冷缩，它必然要随着温度的高低而变化。白天，由于光照的角度和强度在变化，塔身各处的温度是不一样的，热胀冷缩的程度也不一样，所以上午和下午不仅出现了倾斜现象，倾斜角度也不一样。夜间，铁塔各处的温度是相同的，所以就恢复了垂直状态。冬季气温下降，塔身收缩，所以就变矮了。

74.草原失火

答案：因为在火海的上空，空气受热变轻迅速上升，而附近还没有起火之处上空的空气较冷，会朝大火方向流去，填补那里较稀薄的空气，形成一股与风向相反的气流，于是就发生了一场"火战"。

75.淋不着雨的地方

答案：他站在一座高山的山顶上，雨云低于山顶，自然淋不着他。

76.奇怪的天气预报

答案：哈默菲斯特位于北纬70°以北，夏天是白夜，冬天是漫长的黑夜。哈默菲斯特的冬天不可能出太阳。

77.塞紧瓶塞的空瓶子

答案：其实，这是海水的压强在作怪。当瓶子下沉时，深水中的高压把瓶塞压入瓶中，使瓶子装满水；瓶子提上来时，由于压力减小了，膨胀的水又把瓶塞推回原处。

78.举重冠军

答案：举重冠军不能把石头拉上去，这与他的臂力无关，因为石头比他重，所以，举重冠军用尽力气，也只能两脚腾空，挂在绳子上，石头根本不会动。

79.摔不倒的小丑

答案：小丑之所以摔不倒，主要是他的那双大皮鞋保护了他。小丑的鞋很大，无论他如何跌撞，重心的垂直线都在鞋的支撑面范围内，或者说是在两只脚之间的连线内。这就保证了小丑全身（包括衣服、鞋等物）的重力在竖直方向的作用线始终都落在一个可靠的支撑面范围内。

80.幸存者

答案：幸存者是不可能被埋葬的。

第五章　智破疑案

——侦破综合思维游戏

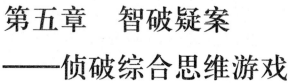

1. 驯马师之死

清晨，奥古斯探长正在看骑手们跑马练习，突然从马棚里冲出一个金发女郎，大叫着："快来人啊！杀人啦！"奥古斯急忙奔了过去。

只见马棚里一个驯马师打扮的人俯卧在干草堆上，后腰上有一大片血迹，一根锐利的冰锥就扎在他腰上。

"死了大约有8小时了，"奥古斯自语道，"也就是说谋杀发生在半夜。"

他转过身，看了一眼正捂着脸的那位金发女郎，说："噢，对不起，你袖子上沾的是血迹吗？"

那位金发女郎把她那骑装的袖口转过来，只见上面是一长道血印。

"噢，"她脸色煞白，"一定是刚才在他身上蹭到的。我叫盖尔·德伏尔，他，他是彼特·墨菲。他为我驯马。"

奥古斯问道："你知道有谁可能杀他吗？"

"不，"她答道，"除了……也许是鲍勃·福特，彼特欠了他一大笔钱……"

第二天，警官告诉奥古斯说："彼特欠福特确切的数字是15000美元。可是经营渔行的福特发誓说，他已有两天没见过彼特了。另外，盖尔小姐袖口上的血迹经化验是死者的。"

"我想你一定下手了吧？"奥古斯问。

"罪犯已经在押。"警官答道。

谁是罪犯呢？

2. 匪夷所思的命案

富翁奇科夫被人暗杀了。凶手是从对面30米外的屋顶用无声手枪射杀他的。窗户是紧闭着的，窗子上有一个弹洞。从这一迹象看，凶手只开了一枪。但奇怪的是，被害者的胸部和腿部都中弹了——大腿被子弹射穿，胸部也留有子弹。这样看来，凶手好像开了两枪。如果凶手开了两枪，那么另一颗子弹是从哪里射入被害者房间的呢？这颗子弹又在哪里呢？大家无法回答，于是去请教福尔摩斯。在了解情况后，福尔摩斯肯定地回答："中了一枪。"

福尔摩斯为什么这样说呢?

3. 猫 爪 印

寒冷的冬天总是异常干燥。这天却是个例外,夜里下起了小雪,雪里又夹了小雨。雨夹雪的恶劣天气持续了一个多小时,然而,就在这段时间里,A市的郊外发生了一起交通事故,肇事司机是个醉汉,撞了行人后没有找人救援,反而火速逃离了现场。

半小时后,肇事司机回到家里,把车开进了院子里的车库。车库的顶棚很是简陋,只有一层薄薄的尼龙板,地面是坚硬的水泥地。他用水仔细擦洗了轮胎,还清理了车子出入留下的痕迹,并放掉了一个轮胎的气。

不过,当时逃离现场时,有目击者记下了他的车牌号码,所以警察马上找到了他。

当天晚上11点,刑警找到了该司机的家。检查了停在车库里的汽车,并询问他昨天晚上的去向。

"你也看到了,车胎昨天就没气了,所以我根本没法开出去。我看一定是目击者记错车牌号了,不可能是我。"司机辩解着说。

这时候刑警注意到了汽车前盖,上面多了几处猫爪印和猫卧睡的痕迹,这是猫的爪子沾上了泥再弄到车前盖上的。

"府上养猫了吗?"刑警问道。

"没有,这应该是邻居的猫,也可能是野猫吧。经常会有野猫钻进我家院子来,它们喜欢在车厢上跑来跳去。"

"如果是这样的话,你所说的这车昨天就没气了的说法不能让人信服呀!你可以若无其事地说谎,可猫和汽车都是不会骗人的。"刑警直接戳穿了司机的谎言。

你知道刑警是怎么发现真相的吗?

4. 指针停留的时间

1887年1月12日清晨,泰晤士河滨街陷入一片混乱之中。原来,某码头的工作人员上早班时发现保险箱被撬,失窃了一笔款子。

当日晚间,水上警察发现了看守者的尸体,经法医鉴定,他是被谋杀后抛入泰晤士河的。在死者的衣袋里发现了一块走时十分精确的高级挂表，但已经停了。无疑，表针所指示的时间是一个十分重要的线索。可是一个笨拙的警察竟然忘记了要保持现场完好如初的规定，出于好奇，把挂表的指针拨弄了几圈。他这种愚蠢的行为，当即遭到同事的严厉斥责。

后来，探长问他，是否还能记得刚发现挂表时表针所指示的时间。警察听到长官向他问话，当即报告说，具体时间他没有细看，但有一点令他印象十分深刻，就是时针和分针正好重叠在一起。而秒针却正好停在表面上一个有斑点的地方。

探长听后，看了看挂表。表面上有斑点的地方是49秒。他想了想，就确定了尸体被抛入河中的确切时间，并且与法医的验尸报告也是一致的。这样一来，就大大缩小了侦查的范围，很快抓到了凶手。

你知道挂表时针究竟停在什么时间吗？

5. 没有脚的幽灵人

在一个深夜，警察A正在巡逻时，突然在一个漆黑巷子的转角处碰见一个戴着太阳眼镜的人。由于他的行动很怪异，所以警察A便向前去询问。而那名男子却突然抽出一把刀，向警察A的腹部刺入后逃逸。

警察A负伤追赶，并拔出腰际的手枪警告他说："不要跑！再跑我就要开枪了！"

子弹打中了他的右腿，那名男子弯了一下膝后又继续跑。警察A又开了第二枪，这次又击中了右腿腿肚子。

但那名男子仍然跛着脚继续逃跑，在转角处消失了。

几分钟以后，B巡警听到声音也赶到现场。过了不久，警车也来了，但在附近搜索，却找不到犯人的踪迹。

沿着犯人的脚印去找，也没有发现血迹。这名男子难道是没有脚的幽灵吗？

6. 射穿肩胛

田中信实是个职业拳击手，他每天早晨早早起来，在公寓大楼下面的小花园里锻炼身体。往往在其他晨练者到来时，他已经该回去啦。

这天早晨，他照例早早来到小花园锻炼。可是，当其他一些晨练者到来时，却看到田中信实倒在了血泊中。

刑警闻讯赶来，检查尸体，发现田中信实是被人用枪打死的，子弹从腹部射入穿至肩胛骨处，法医取出了这颗尖朝上的弹头。

警方又向公寓里的居民调查情况，根据一些人提供的线索，证明枪声是从三或四楼的一个房间里传出来的。

这可就令刑警们大惑不解了，子弹从楼上向下射出，怎么会从死者腹部穿向肩胛呢？

试问：这是什么原因呢？

7. 苹果疑案

有一次，洛克探长陪同友人莫斯和律师迪恩带着一篮子苹果，来到莫斯的生意伙伴伯纳的家中。他们准备在律师的调解下，妥善解决合作中出现的经济问题。

伯纳很热情地拿起一把水果刀为他们削苹果。削完后，他递给莫斯，莫斯没有接。伯纳尴尬地笑了笑，又递给律师。律师迪恩说自己从不吃苹果。伯纳只好自己吃起来，这时莫斯也拿了一个苹果削了起来。

莫斯是个左撇子，迪恩看起来有点儿怪。谁知，莫斯的苹果还没吃到一半，就倒下去了。

洛克及时报警。赶来的警察询问后，感到很迷惑："他怎么会被自己带来的苹果毒死呢？"

在一旁的洛克探长冷静地说："我知道凶手是谁。"接着他描述了伯纳采用的手段和过程。警察的调查也证实了洛克探长的话是对的。

8. 把自己吊在梁上

酒吧的服务员早上来上班的时候，忽然听到顶楼传来了呼叫声。大家奔到顶楼，发现领班的腰部束了一根绳子被吊在顶梁上。

吊在顶梁上的领班对服务员说："快点把我放下来，去叫警察，我们被抢劫了。"

警察来后，领班把经过情形告诉了警察："昨夜酒吧停止营业以后，我正准备关门的时候就有两个强盗冲了进来，把钱全抢去了。然后把我带到顶楼，用绳子将我吊在梁上。"

警察对他说的话并没有怀疑，因为顶楼房里空无一人，他无法把自己吊在那么高的梁上，地上没有可以垫脚的东西。有一部梯子曾被盗贼用过，但它却放在门外。可是，警察发现这个领班被吊位置的地面有些潮湿。没过多长时间，警察就查出了这个领班就是偷盗的人。

请问：这个领班是怎样把自己吊在顶梁上的？

9. 识 破 谎 言

在加拿大北部的某座城市，曾在圣诞节那天发生了一起命案。警方抓到了一个嫌疑犯，以下是警察和嫌疑犯的对话。

警察："你曾经因一些债务问题而与死者积怨，并且还闹上了法庭，是吗？"

嫌疑犯："是的。过去很长时间了。"

警察："案发当日，有人看见一个身材与相貌和你很相像的人进入了死者的住所，那个人是你吗？"

嫌疑犯："不是。据你们所说，死者是在圣诞节遇害的。圣诞节那段时间，我正在澳洲。可能这个世界上的确有人和我长得很相像。"

警察："你在澳洲干什么？"

嫌疑犯："过圣诞节。我希望在那里过一个白色的圣诞节。节日那天，我们还堆了雪人。"

警察："好了，先生，你不用再说什么了。因为你撒谎了，你就是凶手。"

请问，警察的判断是正确的吗？

10. 保险柜被盗

公司保险柜里的50万美金昨晚被盗了。总经理迈克傻眼了，赶紧保护好现场，叫秘书洛佩兹报案，然后坐在客厅里，眼巴巴地盼着侦探公司早点派人来。正在他急得团团乱转的时候，一个年轻女子出现在他的面前。他没好气地说："今天不办公了，有什么事改日再说吧！"

那女子微微一笑，掏出自己的证件说："您搞错了，经理先生，我是侦探艾丽莎。"

"什么？你是侦探？"迈克简直气得要跳了起来，"我们这里失盗了，并不是要开什么服装展示会。"

艾丽莎毫不在意地打开公文包，取出纸笔做好要记录的样子说："经理先生，我不在乎你的态度，我们开始工作吧。"迈克说："很简单，昨天放进去的钱，今儿早晨就不见了，你说上哪儿去了呢？"

艾丽莎听了，先去现场检查了一番，然后又回到客厅里，把经理部的几个人找来，很客气地请他们说一说昨天下班后，都做了些什么。

七八个人很快就说完了，就剩下迈克和洛佩兹了。迈克好像有点儿不太好意思，低声说："昨天我带洛佩兹去看电影了，没叫大家，下回一定补上。"洛佩兹也马上承认是一起去看电影了。

"在哪家影院？什么片子？什么时间？"艾丽莎问道。

"开明影院，是大片《指环王》。时间是7：45。"迈克马上回答。

艾丽莎不再多问了，整理好东西说："今天就进行到这里，明天我们再继续。"说完，朝所有的人点点头便出门去了。

第二天，艾丽莎又在同一时间来了。她好像忘记昨天都做了些什么，仍然叫大家说一说出事那天都干什么去了。当大家都说完了以后，最后是迈克说，只见他没好气地说："我带洛佩兹看电影去了……"

"是《指环王》，在开明影院，7：45那场吗？"艾丽莎问。

迈克点点头说："你的记忆力不错呀！"

"过奖了，遗憾的是那天开明影院的放映机出了故障，那场电影取消了，你不过是从报纸上知道有那么一场电影罢了。"迈克正要分辩，艾丽莎制止了他，接着往下说："我看过案发现场，无论是保险柜还是门窗都没有被撬的痕迹，那么盗贼肯定在你们内部。谁是盗贼你肯定知道！"

那么谁是盗贼呢？

11. 成年仪式上的故事

尽管气温高达40摄氏度，但还是有50名美国游客及时赶到了墨西哥的一个小村庄里。

"本村少年进入成年仪式现在开始！"当墨西哥导游高声宣布后，一位气喘吁吁、汗流满面的小伙子步履艰难地跑进村子，筋疲力尽地倒在树荫下。几个村民马上递上冰块给他吃，替他擦汗、按摩。

导游从村长手中拿过一只水杯，对游客大声说："现在最后的考验到了，这位刚跑完40英里的小伙子必须从容地喝下这杯最苦的药水！"

说着，导游将杯子递给游客，三位游客尝后脸色骤变，于是导游大发议论，旁边的美国游人也纷纷解囊下注，与导游打赌，判定那个小伙子经不起喝苦药的考验。

哈莱金博士恰好是游客中的一员。他目不转睛地看着水杯被递给那个小伙子。

小伙子一仰脖子喝下了苦药水，甚至连眼皮都没眨一下。

"你和这些村民在此设下了一个巧妙的骗局。"哈莱金博士对导游说，"但我劝你将钱归还游客，不然我要通知警察！"

游客是怎样被骗的呢？

12. 失踪的 1000 万赎金

一个富翁的儿子被人绑架，绑架者向他勒索1000万来作为赎金。

绑架者以电话指定如下："把钱用布包起来后，放进皮箱。今晚十一点，放在M公园的铜像旁的椅子下面。"

为了保住儿子的性命，富翁只能按照他们的指示，把1000万元的钞票放进箱子里，拿到铜像旁的椅子下。

到了十一点半左右，一位年轻的女性来了，她从椅子下拿了皮箱后就很快离去，完全不顾埋伏在四周的警察。

那个女的向前走了一段路后，就拦下了一辆恰好路过的计程车。而埋伏在那儿的警车，立刻就开始跟踪。

不久后，计程车就停在S车站前。那个女的提着皮箱从车上下来，警车上的两名刑警马上就跟上她。

那个女的把皮箱寄放在出租保管箱里，就空手走上了月台。其中的一位刑警留下来看守着皮箱，另一人则继续跟踪她。

但是很不凑巧，就在那个女的跳进刚驶进月台的电车后，车门就关了，于是无法再继续跟踪。

然而，那个皮箱还被锁在保管箱里，她的共犯一定会来拿。刑警们这么想着，就更加严密地看守那个皮箱。

但是，过了好久，都不见有人来拿，于是警方便觉得不太对劲，便叫负责的人把保管箱打开。当他们拿出箱子一看，里面的1000万元已经不翼而飞。

而这1000万的赎金，到底是谁拿的呢？

13. 没有被擦掉的指纹

詹姆斯向布朗借了很多钱买了一栋豪华的别墅，可现在都快半年了，詹姆斯还没有还一分钱。布朗实在是无法忍受就按响了詹姆斯新家的门铃，跟他要钱。两个人在争吵过程中动手打了起来。高大的布朗用两只手死死地掐住了詹姆斯的脖子，詹姆斯在挣扎中左手摸到了一个锤子朝布朗的头砸去。布朗随即倒地停止了呼吸。

杀死布朗之后，詹姆斯马上把布朗的尸体拖到后院掩埋起来，然后擦拭干净所有的血迹，再认真清理了沙发、地板和布朗所有可能碰过的东西，不留下一个指纹。正当他做完这一切的时候，门外想起了急促的敲门声——是布朗的两位警察朋友。布朗曾经交代，如果他在下午还没有回到家的话，就让他的警察朋友到这里来找他。尽管詹姆斯十分镇定，但是，警察还是不费吹灰之力就找到了布朗的唯一的指纹。你知道这个指纹在哪里吗？

14. 老人的忠告

1920年初夏的一天夜里，在220号的公寓里发生一起杀人案。一个孤身生活的妇女在三楼的房间里被用刀刺死。卧室的墙壁上清晰地印着一个沾满鲜血的手印，大概是凶手逃跑时不留神将沾满鲜血的右手按到了墙壁上了吧。"五个手指的指纹都很清晰，这就是有力的证据。"

当刑警用放大镜观察手印时，一个站在走廊口，嘴里叼着大烟斗，弯腰驼背的老头儿在那里哧哧地笑着。

"刑警先生，那手指印是假的，是罪犯为了蒙骗警察，故意弄了个假手印，沾上被害人的血，像盖图章一样按到墙上后逃走的。请不要上当啊！"老人好像知道实情似的说道。刑警们吃惊地反问道："你怎么知道手印是假的呢？"

"你如果认为我在说谎，你自己把右手的手掌往墙上按个手印试试看。"刑警一试，果然不错。试问：这个老人究竟根据什么证据看破了墙上的假手印呢？

15. 谁 在 说 谎

　　有一件发生在船上的案件：安德鲁邀请业界的好友齐聚在"奋进"号上并远航日本。正当他们玩得高兴时，安德鲁的一位好友大叫，称他那装有机密文件的公文包丢失了。安德鲁立刻把船上的五名船员叫了过来一一询问。船长说，刚才他在驾驶舱里一直没走开过，有录像带可以做证；技师说他一直在机械舱保养发动机，好让发动机能一直保持一定的速度，可是没人可以证明；电力工程师告诉安德鲁，他刚才在顶层甲板更换日本国旗，挂上去以后发现挂倒了，于是重新挂了一次，有国旗可以做证；还有两名船员说他们在休息舱打牌，互相可以做证。

　　安德鲁听完，立刻指出了其中一个人在说谎，并且让他交出公文包。聪明的读者，你知道是谁在说谎吗？

16. 诈骗犯是怎样死的

　　一具男尸横在铁路旁边，头朝下，肢体扭曲，脖子都断了。警长勘查现场后初步认定，死者叫布拉尔，是个诈骗犯，应该是从纽约开往洛杉矶的快车上跳下来的。这次列车是今天唯一从这里经过的火车。

　　随后赶来的尼克探长说："你根据什么说他是从火车上跳下来的？"

　　警长领着尼克探长顺路轨西行，走了100码左右，看到第一个旅行包，往前走300码左右，又看到另一个旅行包，包里有崭新的纸币，共10万美元。

　　警长说："钱是假币，看来是有人想抢这笔钱，布拉尔便跳车要保住它。"

　　探长说："不，他是被人从火车上扔下来的。"

　　请问，探长的判断是否正确呢？

17. 不可思议的宴会

　　这是一件发生在美国的案子。某夜，一名犯人从牢中逃脱了。由于他穿着带有横条纹的囚衣，为了避人耳目，所以不敢走在大街上。而整个城里，警方都已布下严密的网络，道路也全被封锁。因此，这名囚犯就陷入进退不得的情形中。

　　他正在想要躲在哪里好时，突然看见前面不远处，有一间大宅邸似乎正在举办宴会，明亮的灯光从窗子向外射出。他打算偷偷地进去偷一件衣服来换，但不幸被人发现了。而令人惊讶的是，大家居然都拍着手来欢迎他。

于是，这名逃犯便和大家一起快乐地玩了一整晚。到宴会结束前，他才穿着别人的衣服，成功地逃走了。

然而，这个欢迎可怕逃犯的宴会，究竟是个什么样的宴会呢？

18. 案发现场

一位富翁的仆人早上打扫卫生时，发现他的主人胸部中了两枪，倒地而亡。

探长在现场了解情况，鉴定人员告诉他死亡时间确定为22：00左右。

正在鉴定人员答话时，挂在书房墙上的鸽子报时钟"咕咕咕"地响了，挂钟里的鸽子从小窗中探出头报了11点。

因为鉴定人员到达现场时收音机正开着，录音键也按着。将磁带转到头一放，录的是23：10结束的巨人队和步行者队决赛的比赛实况。

鉴定人员按下了桌子上录音机的放音键，里面传出了比赛实况的转播声。探长一边看着手表一边听着，然后他肯定地说受害人不是在这个书房而是在别处被杀的。

请问：探长是根据什么来判断的？

19. 揭露假象

安德森接到研究所所长利普顿博士的电话，说他刚接到一个恫吓电话，要他把一份绝密文件交出来，否则就要他的老命。利普顿博士没有办法，只好求救安德森，请他晚上8点到他家，再详细谈谈情况。

晚上8时，安德森准时赶到了利普顿家里，按了门铃，却不见回音，他见房间里灯亮着，无意之中拧了一下把手，发现门竟是开着的。安德森冲进屋里一看，只见利普顿博士昏倒在沙发下面，旁边扔着一块散发着麻醉药味的手帕。

这时，只见利普顿博士慢慢地睁开了蒙眬的双眼，本能地摸了摸自己的衣服口袋，失声地叫了起来："完了，那份绝密文件被人抢走了！

安德森一听，忙问："是什么人？什么时候？"

利普顿看了看手表，说："大概30分钟前，我一边看电视一边吃苹果，听到门铃响了，我以为是您来了。不料一开门，我被两个男人用枪顶了回来，开口就问我要这份密件，我佯装不知，他们立即用手帕堵住我的嘴和鼻子，以后我就什么也不知道了。"

果然，利普顿咬过一半的苹果正滚在电视机下面，电视机电源已断了。安德森从电视机下面捡起了那只苹果，瞧了一眼，说："博士，是你自己卖给他们的吧！"

利普顿一听，大吃一惊，神色茫然地说："我？岂有此理！"

"博士，你别演戏了，罪犯就是你自己！"安德森冷冷地瞧了利普顿一眼，把手中的东西扔在他面前。

利普顿一看，脸色变得灰白，无可奈何地把藏在冰箱里的大包美金交了出来。

安德森是怎样识破利普顿的假象的呢？

20. 博物馆失窃案

一天中午，纽约市警局接到一个来自市博物馆的电话，报案者自称是馆内的值班人员，说馆里发生了盗窃案，一件珍贵文物被盗。

罗林警探马上赶到现场，看见丢失文物的那间屋子窗户玻璃被打碎了，地上散落着碎玻璃，窗帘是拉着的。从现场的情况来看，窃贼可能是破窗而入的。

罗林警探把报警的博物馆的值班人员叫了过来："昨晚窗子被人打破，你没听见声音吗？"

"没有啊。"值班人员回答，"昨晚我喝了点伏特加，有点醉了，所以睡得比较早。"

"你是什么时候发现文物被盗的？"罗林警探再次问道。

"今早我去厕所，发现这间屋子的窗子开着，我还感到很奇怪。开门进屋一看，发现那件很珍贵的文物不见了，碎玻璃散了一地，我就报警了。"

罗林警探走到值班人员面前说："你就是本案的幕后黑手，跟我们回警局吧。"

请问，罗林警探是根据什么判断出本案的幕后黑手的？

21. 情报电话

亨利经过社区的警察局时看到一张通缉令，原来隔壁镇的一个金店被暴力抢劫了，受害者描述了嫌疑人画像，希望居民能提供线索。

第二天，亨利去希尔顿酒店接到此旅行的叔叔回家做客。亨利发现在这里喝酒的一伙人，很像他看到的通缉令上的人。

为了迅速捉拿这些人，亨利赶紧写了一张字条递给叔叔，叔叔便用电话通知警方。亨利的叔叔装作和女友通电话，这伙人听到的电话内容是：

"亲爱的玛丽，你好吗？我是福特，昨晚不舒服，不能陪你去夜总会，现在好多了，全靠希尔顿酒店经理上个月送的特效药。亲爱的，不要和我这'坏人'生气，我们会永远在一起的，请你原谅我的失约，我的病不是很快就好了吗？今晚赶来你家时向你道歉，可别生我的气呀！好吧，再见！"

这伙人听了大笑不止，可是五分钟后，警方突然出现在他们面前，他们不得不举手投降。

你知道这是为什么吗？

22. 绑匪是什么人

某公司老板的儿子被绑架，对方要求拿10万美元来交换。绑匪在电话中说："你把钱包好，用普通邮件在明天上午寄出，我的地址是……"

老板马上报了案。为了不打草惊蛇，警察经过化装来到罪犯所说的地址。可奇怪的是，这儿有地区名、街名，却没有罪犯说的门牌和收件人。

警察经过研究，马上确定了嫌疑犯，并很快找到证据将其抓获，救出了人质。

这个绑匪是什么人呢？

23. 识破不在现场的证据

在一个冬天晚上8点的时候，私家侦探路易斯接到老友约翰的电话："路易斯，我的珠宝被盗了，你快点来，我叫司机去接你！"语气很紧张。路易斯知道那个珠宝是人家汇钱定制的，一两天就得交货，老友怎能不心焦？大约过了两个小时，约翰的司机到了。

当车子驶回公司后，已是子夜11点了。司机说："老板应该在二楼，我去请他。"

司机请路易斯稍候，就上楼去了。没多大会儿，就听到司机的喊叫声："不好了！不好了！老板自杀了！"

路易斯大吃一惊，急忙冲上楼去，但见老友吊在天花板的铁管上，脚下踏的椅子横倒在一边。这时，路易斯和司机把约翰的尸体移下来。

"咦，尸体怎么是温的？"司机脸色苍白，惊讶地说道："室内的空气是冷冰冰的，而尸体却是温的！"

"你是说，约翰在我抵达之前才自杀的？"

"嗯……从尸体看，他似乎死了不到一小时。"

路易斯搜查死者的身上，并没有遗书，他东摸西摸，却在口袋里找到一块融化的巧克力。巧克力是锡纸包着的，路易斯打开一看，不由把怀疑的目光投向司机："如果没猜错，你就是凶手。你在接我之前，就把他杀了，然后略施手脚，造成假象，对吗？"

"哪……哪有这回事？我接你来回三小时，如果我杀死老板，尸体应该是冰冷的，何况屋内无暖气设备，莫非你认为我是刚才在楼上杀死他的吗？"

"你是用巧妙的计谋，来演了一场不在现场的戏，我不是三岁小孩，不会轻易上当！"

路易斯是怎么识破的呢？

24. 戴墨镜的杀手

市郊的一所公寓住着两个小伙子，一个是吉姆，一个是特里。这天，大雪纷飞，奥尼尔警官和助手接到吉姆报案，说刚才特里被人枪杀了。他们赶到现场，只见特里头部中了一枪，倒在血泊中。

吉姆说："我刚才正与特里吃火锅。忽然闯进来一个戴墨镜的人，对准特里开了一枪后逃走了。"

奥尼尔警官看到桌上摆着还冒着热气的火锅，于是说道："别装了，你就是凶手！"

请问，这是为什么呢？

25. 雪茄烟头

一天，费斯警官接到报案，说本市著名的女钢琴家卡洛琳在自己的公寓中被杀了。

费斯警官立即赶到现场，进行了调查。现场除了钢琴家门口的地上有一支刚吸了几口的雪茄，没有任何线索。法医鉴定说，死者是两天前的下午1点30分到两点之间被害的，这个时间是年轻貌美的女钢琴家独自一人在家的时间。

费斯警官调查发现，只有两个人在这段时间内有杀人嫌疑，而且这两个人抽的也都是那个牌子的雪茄。这两个人其中一个是被害者的情人，他与被害人关系十分密切，但最近不知发生了什么事，他们经常争吵；另一个是当地的推销员。

费斯警官低着头，深深地吸了几口烟，忽然眼前一亮，回身对助手说："凶手一定是推销员。"

你知道为什么吗？

26. 凶手性别之谜

超级名模埃文斯小姐长相出众，身材高挑且气质独特，不但在英国家喻户晓，在全世界也很有名。但是，令人费解的是，她在生活中非常不注意，经常找一些不三不四的人在家里开派对。

周末的时候，邻居来借菜刀，发现埃文斯身亡后立即报警，警察随后赶到。经法医鉴定，埃文斯是被人用啤酒瓶猛击头部导致颅内大出血死亡的。据邻居反映，昨天是周末，埃文斯带领一大群人在自己家里开派对，非常热闹。直到凌晨的时候，众人才散去，但之后有吵闹声传出，声音不知是男是女。

勘查现场的警察看到埃文斯死在卫生间里，花洒还在向外喷水，马桶用的坐垫被掀开了，里边有死者的头发。

你知道凶手是男的还是女的吗？

27. 雨后的抢劫案

一天下午，威尔逊警官和朋友正在一个餐馆里吃饭，忽然外面下起了一阵大雷雨，驱散了街上的行人。不一会儿，雨停了，天空中竟然现出一道亮丽的彩虹。

两人吃完饭，刚走出餐馆，只见一名歹徒忽然闯入旁边的一家珠宝店，抢了不少首饰。

威尔逊警官连忙联系警方，组织抓捕嫌犯。警方很快抓获了三名外形符合的嫌疑犯：卡斯兰、阿尔杰和安德烈。

卡斯兰激动地说："什么抢劫？我当时正在北公园附近的小吃店吃面，突然下起雨，我躲了一会儿，雨停了，才走没多远就被抓来了，为什么？"

阿尔杰说："我正走在路上，突然下起了大雷雨，我很怕闪电和打雷，所以就去附近的咖啡屋避雨。等到雨停了，我走到教堂前忽然看到彩虹，就停下脚步观赏。因为看得太久，而且阳光又很刺眼，所以就离开了，可是刚要走就被警察抓住了，到底怎么回事？"

安德烈也接着说："我和朋友一起出来逛街，因为刚好下雨，就只好在一家书店里躲了一会儿。雨停后，我们就分手，各自往家里走去。我没看到什么彩虹，反正什么事我都没做。"

威尔逊警官沉默了一会儿，断定这三个人中有一个人在说谎，你们知道是谁吗？

28. 小偷的伎俩

纽约一家咖啡店的旁边是个邮局，邮局外面有一个邮筒。某天，一个叫哈维的小偷前来咖啡馆作案。

来到咖啡馆之后，哈维在里面转了一圈，从两个客人的身上偷走了500美元的现钞。不过哈维刚刚走出咖啡店十多步，便被一个人喝住了："站住，你鬼鬼祟祟在这里做什么？哦，是哈维，是不是又来这里作案了？"原来喝住哈维的是帕克警探，刚刚走到这里发现有个人鬼鬼祟祟的，走近一看，原来是自己的"老顾客"哈维。

"啊哈，帕克警探，你可不要随便冤枉我啊！"哈维看见是自己的死对头帕克警探，连忙打着哈哈说道。而就在这个时候，咖啡馆里面的人发现了自己的钱被偷，看见帕克警探在外面，连忙出来报案，这也更让帕克警探肯定哈维刚才在咖啡馆作案了。

于是帕克警探对哈维进行全身搜查，但奇怪的是，在哈维的身上根本就没有发现500美元，因为证据不足，帕克警探不得不把哈维给放了。

哈维走后，帕克警探正纳闷，忽然看到了邮筒，顿时眼睛一亮，若有所悟。

两天后，帕克警探根据自己的推断把哈维逮捕了。那么帕克警探是怎样发现哈维的伎俩的呢？

29. 智破伪证

詹姆斯是一名优秀的律师。有一次，他出庭为一家保险公司辩护。

案情是这样的，原告参加了这家保险公司的人身保险。他的肩膀被掉下来的广告牌砸伤了，而且伤得很重，现在手臂都抬不起，于是他向保险公司提出了巨额的赔偿请求。保险公司凭借着多年的从业经验，怀疑原告诈保，于是拒绝巨额赔偿。双方因此闹到法庭。保险公司请来了詹姆斯做辩护律师。

詹姆斯仔细分析了案情，又从多方面对原告进行了观察，很快就看出原告所说的伤势有假。开庭时，詹姆斯以一种关心的口吻问原告："为了证明你的伤势，请你给陪审员们看看，你的手臂现在能够举多高？"原告慢慢将手臂举到齐肩高时就痛苦不堪了，不能再举了。接着詹姆斯又问了一个问题让原告的伪证不攻自破。

那么，你知道詹姆斯是怎样让原告的伪证不攻自破的吗？

30. 谁是凶手

星期一的早上，一位女明星被发现死于家中。她是在和经纪人爱丽丝通电话时被自己养的狗咬死的。在此之前，因为女明星外出，这只狗曾委托爱丽丝代为照顾。

于是，爱丽丝成为嫌疑人，但无确凿证据。因为女明星被狗咬死时，爱丽丝在5000米外的家里。即使她在照顾狗期间将狗训练成咬人的工具，也不可能在5000米以外指挥狗咬人。因此，一般人都推断是狗兽性大发，将女明星咬死的。

但是负责这件案子的探长却有不同见解，而且断定主谋就是爱丽丝。

那么，探长是怎样判断的呢？

31．一笔10万美元的遗产

万斯是一名出色的私人侦探。一天，一位年轻的妇女慕名来访，向他讲述了这样一件事："我伯父住在芝加哥，终身未娶。他的全部财产大约有10万美元，换成现钞和宝石，保存在芝加哥银行的租赁金库里。然后，他通过邮电局把金库的钥匙寄给了我，并留下遗嘱，让我在他死后再打开金库继承遗产。上月他因病去世，料理完丧葬，我去银行，可是，打开金库，里边只放着个信封！"说着，她从手提包中拿出那个信封，递给了万斯。

这是一个极为普通的信封，上面没有写收信人姓名，只是贴着两枚陈旧的邮票，里面也没有装信。万斯把信封拿到窗前的明亮处对着太阳照看，心想：也许在这上面有用密写墨水写着遗产藏匿地点。可他还是一无所获。

万斯歪着头沉思了片刻，突然好像意识到什么，问道："您的伯父有什么特别的嗜好或古怪的性格吗？"

"我对他并不是太了解，只是在孩提时代见过几面，但据说他是个怪人，喜欢读推理小说。"

"原来如此。小姐，请放心，您的遗产安然无恙。"万斯微笑着把信封交还给她。

那么，10万美元的遗产到底在什么地方呢？

32．求救信号

一架夏威夷水陆两用游览飞机被一名来自加拿大的中年男子劫持了。劫机者一人租用了这架可坐四人的飞机，开枪击坏了发报机，使飞机与地面无法联系，并命令驾驶员罗伯特按他指示的方向往北飞。飞到海面上，那里有一艘潜水艇在接应他，他身上带着绝密情报。

劫机者站在罗伯特旁边，用望远镜观察着海面："来得过早了……好，在潜水艇露出水面之前就在天上待命。再飞高些，盘旋！"

"明白。"罗伯特提高高度，盘旋飞行。同时心想：如果运气好能发现航行中的船，就可以投放烟筒之类的东西，设法表示SOS。但赶巧海上找不到一条渔船，天空中连一架飞机的影子也没有。此时，大海似乎突然起风了，平静的海面上掀起了白色巨浪。罗伯特则一直在画着三角形的路线盘旋飞行。

"啊！看见了，在那儿！"突然，劫机者兴奋地叫了起来。眼下的海面上露出一个像是鲸鱼似的黑影，在碧波间划开一条白色的波纹，浮出一艘国籍不明的潜水艇。

"在那艘潜水艇旁落水！"

"明白。"罗伯特拉下油门杆，减小了动力，飞机开始下降。虽然紧贴海面下降，但罗伯特故意着水失败，从潜水艇的头上飞过去，再次抬起机头。潜水艇上穿着保护色制服的人正在放橡皮筏。

"喂，你在干什么？快点着水！"劫机者气急败坏地喊道。

罗伯特嚷道："这不是直升机，如果不看准风和浪的方向着水，飞机会翻倒的。外行少插嘴！赶快去穿上座席下面的救生衣，赶上侧浪是会弄翻飞机的！"让罗伯特这么一吓唬，劫机者赶忙穿上救生衣。罗伯特为争取时间，进行大幅度盘旋。这次虽然顺利地浮在水面上，但距潜水艇还有200米远时，他就把发动机关了。

"为什么把发动机关了，再近一点儿！"

"你打算在转移到橡皮筏前杀了我吧？"

"真抱歉，你倒是提醒了我。"劫机者用手枪顶住了罗伯特的后脑勺。

"扣扳机前，你给我好好听着！"罗伯特沉着地反唇相讥。

这时，上空有声音传来。一架双引擎的水上飞机正快速地朝这边飞来。海面上的潜水艇撇下橡皮筏慌忙开始下沉。罗伯特紧紧抓住了劫机者的手腕："那是海军的水上飞机，是接到我发出的求救信号，赶来救我的。"

没有发报机，他是怎样发出呼救信号的？

33. 孩子是谁的

一天，两位妇女来到了所罗门王跟前。第一个妇女一边抽泣着一边说："陛下，我和这个妇人住在同一间屋子里。我分娩了。不过，在我生了儿子的第二天，她也生了个儿子。屋子里只有我们两个人，没有其他人。这个妇人的孩子在一天夜里被她自己压死了。她便趁我熟睡时把我的孩子抱了过去，把她那已经压死的孩子放到我的身边。凌晨我起来给孩子喂奶，发现孩子已经死了，我伤心欲绝。等到天亮的时候，我才仔细地端详这个死去的孩子，发现这个孩子并不是我生的！"

第二个妇女也不示弱，立即抢过话头说："尊敬的陛下，请您不要相信她的鬼话，她的儿子才是死的，我的儿子是活生生的。"

第一个妇女伤心地说："不，你的儿子才是死的，我的儿子是活的。陛下，你一定要给我做主呀！"

两个妇女就这样在所罗门王面前争执起来。所罗门王看着眼前的两个妇女，想了一会儿，便眉头一皱，计上心来。所罗门王立即吩咐法官拿剑来，并对两个妇女义正词严地说："你们不要争吵了，把活着的孩子劈成两半，你们每人一半，这样应该公平了吧！"

"饶恕我吧！陛下，把活着的孩子判给她吧，求您可千万别杀死他！"第一个妇女一听所罗门王如此宣判，连忙哀求道。

第二个妇女却说："孩子将不归你，也不属于我，劈就劈吧。"

这时，所罗门主却突然宣布道："不要杀死孩子，把活着的孩子归还给第一个妇女，她就是这个孩子的真正母亲！"

所罗门王听完两位妇女的话，为什么就能马上宣布孩子属于第一个妇女呢？

34. 没有熄灭的蜡烛

杰西卡死在卧室里，尸体是邻居发现的。邻居立刻拨打了报警电话，杰森探长和法医以最快的速度赶到了现场。

"死因和死亡时间查出来了吗？" 杰森探长问法医。

"是他杀，大概已经死了二十三四个小时了，但现场没有作案的痕迹。"法医回答。

"那就奇怪了。"

杰森探长忽然注意到桌子上的蜡烛在燃着，他顺手打开日光灯，却发现停电了。猛然，他意识到了什么。

"原来这尸体是从别处移过来的。"

请问，杰森探长是怎么判断的？

35. 爱鸟协会会长之死

一位孤身老人死在杂木林深处的一幢别墅里，一天后才被发现，死因是服用了过量的安眠药。发现尸体的是死者亲戚，因为老人留下一份字迹潦草的遗书，被认定为自杀。

室内有很多鸟笼，小鸟不知道主人死去，都在欢快地啼叫着。

"这位老人三年前当了爱鸟协会会长。"发现者这么介绍说。

"如果那样的话，肯定是他杀，遗书也是伪造的。"刑警果断地下了结论。

那么，为什么呢？

36.项链被谁偷走了

美国有一位贵妇人，带了一条价值连城的钻石项链，登上了一艘开往英格兰的客轮，准备到那里去安家。晚上8点时，贵妇人在甲板上悠闲地散步，这时刮起了一阵海风，吹得船摇摇晃晃。10分钟后，风停了，贵妇人返回房间，却发现放在箱子里的钻石项链不翼而飞。

船上的警察全部出动，对附近的客舱进行搜查，企图找到那条价值连城的项链。乘客们走到一个自称是作家的小姐的房间，发现那位小姐正在写作，桌子上放着一沓稿纸。

警察问那位小姐，她是什么时候在写作。小姐说："我从晚上7点就开始写作，一直写到你们进房间的时候。"

警察看着桌子上的稿纸，发现上面的字整齐秀丽，于是就断定，小偷就是这位小姐。结果，警察在她的房间搜出了钻石项链。

你知道警察是怎么判断出这位小姐就是小偷的吗？

37.盲女绑架案

某个炎夏，海边小镇的盲女被人绑架了，家人为其筹集了10万元赎金并按预定的交易时间送去了。第三天，盲女平安无事地回到了家。

情绪平复后的盲女告诉警察，绑架犯应该是一对年轻的夫妇，他们把她关在了海边的一座小屋里："我应该是被关在一间阁楼里，在那里可以听到海浪拍击沙滩的声音。天气非常闷热，不过到了夜晚会有风吹进来。"

警察搜查了海边附近的几栋住宅，发现有两间小屋极为可疑，它们一间朝南，一间朝北，主人都是一对年轻夫妇。可惜这两间屋子都被打扫得一尘不染，找不出任何痕迹。

警察在勘查现场后，做出了一些分析。这些情况是：

（1）两家人的房屋结构几乎相同，只是阁楼小窗一个朝北，一个朝南。

（2）海岸面位于海的南侧，北面对着丘陵。

（3）被绑架的三天，天气晴朗，没有下过雨，更没有风。

少女究竟被哪家绑架了呢？

38. 警长的根据

在森林公园的深处，有人发现一辆高级的敞篷车，车内有少量树叶，一个老板模样的人死在车里。警方封锁了现场。

"有什么线索？"警长问。

"法医估计这个人已经死亡两天。没有发现他杀的迹象，死者手边有氰化钾小瓶，所以初步认定是自杀。"

"有没有发现第三者的脚印？"

"没有，地面上落满了树叶，看不到什么脚印。"

"请大家再仔细搜查现场，排除自杀的主观印象。这不是自杀，而是他杀后移尸到这里。估计罪犯离开不到一小时，他一定会留下马脚的。"大家又开始仔细搜查，果然发现了许多线索，追踪之下，当天便抓获了杀人犯。

请问：警长为什么认定不是自杀，而且罪犯没有走远呢？

39. 拿破仑智破窃案

在滑铁卢大败之后，拿破仑被流放到大西洋南部的圣赫勒那岛，过软禁生活，身边只有一个叫桑梯尼的仆人。

一天，他派桑梯尼去找岛上的罗埃长官，转达他希望有个医生的要求。到中午桑梯尼还没有回来，却从长官部来了一个青年军官，通知拿破仑说："你的仆人因有盗窃的嫌疑，已经被逮捕了。"

拿破仑赶到长官部，罗埃向他讲了事情的经过："桑梯尼来这里的时候，我正在处理岛民交来的金币，就叫秘书让他去左边房间等一等。后来，我将金币放在这桌子里的抽屉里，锁上之后去厕所了。由于我的疏忽，抽屉上的钥匙遗忘在桌子上。过了两三分钟我回来了，把放在桌子抽屉里的金币数了一遍，却少了10枚。在这段时间里，他就在左边房间里等着，桌子上又有我忘带的抽屉钥匙，不是他偷的还有谁呢？因此，我就命令秘书把他抓了起来。"

"但是，你应该知道，左边的门是上了锁的，桑梯尼无论如何也进不来。"

"他一定是先走到走廊，再从正中的那扇门进来的。"

"不是说你只离开两三分钟吗？桑梯尼在隔壁根本不可能看到你把金币放在抽屉里，也不会知道你把抽屉钥匙忘在桌子上，你离开的时间又那么短，他怎么可能偷走金币呢？"拿破仑反驳他。

"他准是透过毛玻璃看到了一切。"

拿破仑没有说话，而是向房间左边的门走去，他将脸贴到靠近毛玻璃左边房间仔细地看去，只隐隐约约地看见一些靠近门的东西，稍远一点就看不清了。他又走到左右两扇门前，用手指摸摸门上的毛玻璃，发现两块玻璃的质量完全一样一面光滑，一面不光滑，只是左边房门上毛玻璃不光滑的面在长官室这一边，而右边房门上毛玻璃的光滑面在长官室这一边，右边房间是秘书室。拿破仑转过身来，指着门上的毛玻璃对罗埃说道："你过来看一看，从这块毛玻璃上桑梯尼不可能看到你所做的一切，应该受到怀疑的是你的秘书。"罗埃叫来秘书质问，金币果然是他偷的。

试问：拿破仑推断的根据是什么呢？

40. 失踪的神秘女郎

佛罗伦萨的一家小旅馆里，发生了一起凶杀案。当天上午，旅馆服务员到308房间打扫卫生，可是门铃响了很久，还是没有人来回应。服务员只好硬着头皮用备用钥匙开门进去，只见一位老人倒在地上，胸口还插了把尖刀。服务员被吓得惊叫出声。惊叫声引来了经理，随后警察也赶了过来。

佛罗伦萨警方通过调查，获知老人名叫温尼特，是从纽约来旅游的，入住的时候有个女人陪着他，但是现在这个神秘女人失踪了。

老人的死亡让警方一筹莫展，于是就把案情通知了纽约警察局。纽约警察局的警察查看了温尼特的档案后，发现老人没有孩子，只有一个侄女海莉。海莉是一家小店的老板，也是老人财产的唯一继承人。

肖恩探长来到海莉的小店，出示了证件，然后问她："您是不是有一个叫温尼特的叔叔？"海莉很吃惊地反问说："您怎么知道我有个叔叔？"肖恩探长说："我们刚刚接到报案，他在外地不幸去世了。"海莉一听，伤心地哭起来："天哪，我的好叔叔啊，你怎么就离开我了啊！"

等海莉稍稍平静了，肖恩又问道："您的叔叔到外地去旅游，您知道吗？"海莉擦了擦眼泪，摇摇头说："我一点儿也不知道，叔叔他一直住在纽约，为什么要到佛罗伦萨去呢？平时我经常去看望他，最近因为生意忙，有一个星期没有去看他了，没想到竟然……"海莉说着又哭了起来。

肖恩探长没有任何同情的情绪，反而严肃地说道："即使是再好的演员，也骗不过最好的导演，那就是真相！"

为什么肖恩探长会这么说呢？

41. 警犬失灵了

在羊的王国新西兰的首都惠灵顿郊区的一个村庄里，某日发生了一起抢劫杀人案。一农家妇女在自己家里被害，现金被全部抢走。傍晚牧羊归来的丈夫回到家里时发现了妻子的尸体。而凶手好像是从后院向牧羊地山坡方向逃跑的，院子的地面上留有凶手清晰的脚印。

警察马上带着优秀的警犬赶来现场，让警犬嗅了院子里凶手的脚印后，便迅速朝山坡方向追去。当来到山腰时，警犬不知为什么突然停了下来，一个劲儿地打转转不再往前追了，但凶手并不是从这里骑上自行车逃跑了，也不是脱了鞋逃跑的，而就是用刚才作案时穿的鞋逃走的。

试问：为什么警犬的鼻子不灵了呢？

42. 为何断定是他杀

琼斯死在了自己租的房间里。这个房间只有一扇窗和一扇门，而且都在里面锁上了。警官十分谨慎地弄开门，进入房间后，看到琼斯倒在床上，中弹死了。

勘查过现场后，警官打电话给奥古斯探长，向他报告了这里的情况："今天早上第103街地铁车站那儿卖花儿的小贩打电话报警，说琼斯在每个星期五晚上都要到他那里买13朵粉红色的玫瑰，已有10个年头了，中间未曾间断过，可这两个星期他都没去。那小贩有点担心，就给我们打了电话。初步看来，琼斯像是先锁上了门和窗，然后坐在床上向自己开了枪。之后，他倒向了自己的右侧，而手枪也掉到了地毯上。"

奥古斯问道："那么，你看到他曾经买的那些玫瑰了吗？"

警官说："是的，探长，那些花都被他装在一个花瓶里，而花瓶放在狭窄的窗台上，花都枯萎凋谢了。此外，据我们的观察和分析，琼斯死了至少已有八天了。"

奥古斯接着问："听着，他房间的整个地板都铺地毯了！"

警官说："当然，地毯一直铺到了离墙脚一英寸的地方。"

奥古斯说："那么你们在地板、窗台或者地毯上没有发现血迹吗？"

警官说："只有一点灰尘，没有别的东西，只在床上有点血迹。"

奥古斯探长说："这样的话，你应该派人检查一下地毯上的血迹。"奥古斯说道，"这完全不是一起自杀事件，是有人配了一把琼斯房间的钥匙，他开门进去，打死了正站在窗边的琼斯。之后，凶手对房间的血迹进行了打扫和清洗，再把尸体挪到床上，使人看上去像是自杀。"

请问：为什么奥古斯探长推断琼斯是他杀而不是自杀呢？

43. 匿藏赃物的箱子

夜晚，一个身手矫健的黑影趁门卫换岗的机会，溜进了一家民俗博物馆，盗走了大批珍宝。

警员约翰接受这个任务后，马不停蹄，迅速地把本市所有的珠宝店和古董店都调查了一遍，但一无所获。

无奈，约翰就找到了大名鼎鼎的探长史密斯，向他请教。

"你说，你偷了东西，你会藏到珠宝店或者银行的保险箱里吗？"史密斯探长反问起来。

"哦，我当然不会。"

史密斯探长说："我说你不必费心了，不要到那些珠光宝气的地方去找，应到那些不起眼的地方走走。"

他们说着话来到了城边的贫民区。约翰一脸的疑惑："这里能找到破案的线索吗？"他表现在脸上，但嘴里没有说。还没有等史密斯探长再说什么，这时，有一个瘦弱的年轻人从身后鬼鬼祟祟地闪了出来。他低声问："先生，要古董吗？价格很便宜。"

"有一点兴趣。"史密斯探长漫不经心，"带我去看一看。"

只见那个青年人犹豫一下，史密斯马上补充了一句："我是一个古董收藏家，要是我喜欢的话，我会全部买下来的。"

那人听说是个大客户，就不再犹豫，带着他们走过了一个狭小的胡同，来到一个不大的制箱厂。在这里还有一个青年，在他面前堆满了从1到100编上数字的小箱子。

等在这里的青年和带路人交谈了几句，就取出笔算了起来，他写道：？+396=824。显然，第一个数字应该是428，他打开428号的箱子，取出了一只中世纪的精美金表。忽然，他看见了约翰腰间鼓着一块像是短枪，吓得立刻把金表砸向约翰，转身就跑。约翰一躲，再去追也没有追上，就马上返回了。

史密斯探长立刻对带路人进行了审讯。

"我什么也不知道。"带路人看着威严的警察，"我是帮工的，拉一个客户给我100美元。"

"还有呢？"史密斯探长追问。

"我只知道东西放在10个箱子里，他说过这些箱子都有联系而且都是四百多号……"

"联系？"史密斯探长琢磨起来。接着，他发现一个有趣的现象：把428这个数字的不同数位换一换位置，就是824，这就是说，其他的数字也有同样地规律！史密斯探长不用一分钟就找到了答案。

史密斯探长是怎样找到答案的呢？

44. 吃 兔 肉

戴维斯是一家公司的销售部副经理，前段时间，他和同是销售部副经理的阿曼达共同搞了一个项目，结果让公司大赚了一笔。公司老总很高兴，决定在戴维斯和阿曼达两人当中选出一个，提升为销售部总经理。这可是个好机会，戴维斯凭着自己的三寸不烂之舌，在老总面前把阿曼达明褒暗贬了一番，最终如愿以偿地坐到了销售部总经理的宝座上。

不过，虽说当上了销售经理，但每天面对阿曼达，戴维斯的心里还是有点儿心虚的，毕竟，阿曼达没有被提升和自己是有直接关系的。

为了笼络阿曼达，也为了庆祝自己被提升，戴维斯决定在家里举行一次烤肉晚会。

这天，公司的同事们如约而至。出于礼貌，大家或是带上几枝鲜花，或是带上一瓶果酒，作为送给主人的礼物。阿曼达也不例外，但不同的是她带来的是一只活蹦乱跳的兔子。她说，这是她姑妈前几天从乡下来时送给她的，她一直没舍得吃，今天特意带来送给戴维斯，作为恭贺他"像兔子一样"迅速荣升的礼物。

戴维斯没听出来阿曼达的意思是褒还是贬，也没敢吱声，就赶紧将兔子接了过去。

晚会进行到一半时候，戴维斯突然想到了那只肥兔子，就想马上杀了烤着吃，也好给众人尝个鲜。但没想到阿曼达极力反对，说自己看不得这么血腥的场面。况且已经养了好几天的兔子，怎么舍得吃，请戴维斯等大家走了之后自己享用。众人觉得阿曼达提出这样的要求并不过分，也都没什么意见，于是戴维斯就把宰兔子的想法先放下了。

第二天，戴维斯想起了这只兔子，就在家把它给宰了，然后精心烹饪，一个人把它给吃掉了，可是没想到的是，就在戴维斯吃完这顿美餐不久，突然七窍流血，中毒身亡了。

经过法医鉴定，戴维斯的死因属于阿托品中毒，而在戴维斯的胃里只发现尚未消化完的兔肉。警方有点儿奇怪了："兔子是戴维斯自己杀的，肉是戴维斯自己做的，总不会是他自己给自己下的毒吧？"

正在警方一筹莫展的时候，一位生物学家给警方揭开了谜底，并告诉警方阿曼达就是凶手，兔子就是杀人凶器。

阿曼达和兔子怎么变成了凶手呢？

45. 古董劫案

在邮局的特快列车上，一个商人托运的珍贵古董被人抢了。大侦探马克刚巧在这列火车上，当他赶到被劫的车厢时，却只发现了两根抽剩的烟头。

马克让值班员威廉回忆一下当时的情景。威廉说："中午，邮局领导送来一个邮包，说里面有很贵重的东西，让我重点看管。"

威廉显得有点紧张，他喝了口水接着说："火车行驶了一会儿，有人敲门，先是轻敲两下，然后是三下重的。我以为是乘务员，便随手将门打开，可是闯入了两个戴头套的人，头套上只露出两只眼睛，还没等我缓过神来他们就将我打倒了。他们一人叼着一支烟，貌似说了些什么，但是火车上杂音太大了，我没听清楚……"

马克听到这里摆摆手说："威廉先生，这起抢劫案中，你是最大的嫌疑犯，因为你刚才编的这段话里漏洞实在太多了。"

威廉的话里到底泄露了哪些问题呢？

46. 富翁杀妻

亿万富翁斯库达芬杀死了自己的妻子。为了摆脱自己的嫌疑，他把妻子的尸体装进运狗的铝合金箱子中，然后开着私人飞机在海上不停盘旋，确认不会有人发现后就把箱子丢进了海里。

自以为做得天衣无缝的斯库达芬天天在自己的豪宅里饮酒作乐，谁知，几天后警察还是找上了门，指控他杀害自己的结发妻子，并抛尸大海。

斯库达芬狡辩说自己是驾驶飞机玩呢，并没有杀人。

可是警察却说："我们有一个没有影子的目击者，他说，你曾经从飞机上丢下过一个大箱子。"

你知道警察所说的"没有影子的目击者"是谁吗?

47. 没有字迹的遗嘱

作曲家简和音乐家多克都是盲人，简病危时请多克来做公证人，立下了一份遗嘱：把简一生积蓄里的一半财产捐给残疾人福利机构。随即，简让他的妻子拿来笔和纸，以及个人签章。他在床头摸索着写好遗嘱，装进信封里亲手密封好，郑重地交给多克。多克接过遗嘱，立即将遗嘱送到银行保险箱里保存起来。一星期后，简死了。在简的葬礼上，多克拿出这份遗嘱交到残疾人福利机构的代表手中。但当那位代表从信封中拿出遗嘱时，发现里面竟然只是一张白纸。

多克根本无法相信，简亲手密封、自己亲手接过，且由银行保管的遗嘱会变成一张白纸！这时，来参加葬礼的尼克探长却坚持认定遗嘱有效，众人都想知道这是为什么。你知道吗?

48. 名侦探柯南

夏日，艳阳高照，柯南在小河旁悠然垂钓。

两小时前才下过骤雨，所以河水有点混浊并暴涨。

这时，村里的一个小孩跑了过来。

"荒寺有位男子被杀了！"

柯南于是前往荒寺一探究竟。

夏草茂盛的寺内已经集满了村人，他们将尸体团团包围。一位满面胡须的男子仰面躺在崩塌的土墙旁的合欢树下，左肩被砍了一刀，伤口不小。正午的骤雨把死者的衣物全淋湿了，血痕也几乎被大雨冲掉。

"漂亮的衣服被割坏了，一定是技术不怎么高明的人干的！"

柯南感慨凶手技术太差。

"死者是谁？"

柯南询问村民。

"没见过。大概是路过的旅人吧！"

村民如此回答。

他身上并没有带钱，很可能是半路遭遇抢匪，钱全被抢走，连命也给搭上了！

"什么时候被杀的？"

群众中有人说道："看他全身湿淋淋的，很可能是在这树下躲雨时被杀的！"

但柯南看见合欢树叶表面飞散的血迹，立即断定：

"不！他是在骤雨前被杀的。"

柯南凭什么如此推理呢？

49. 毒在哪道菜里

从前，有位罗马国君叫尼禄，他对同父异母的弟弟布里达心存顾忌，于是设计除去这个心腹之患。

他吩咐厨师办一桌宴席，准备毒杀布里达。当时的菜单是：①鹅蛋汤；②牛舌丸子；③冷冻饼干；④海蛎浸橄榄油；⑤香菇片；⑥无花果与葡萄。

布里达连吃两份冷冻饼干，把最后一道甜品吃完，觉得身体不适，随即四肢痉挛、口吐白沫，倒在地上。

数天后，菜单的调配师向尼禄领赏，尼禄问他究竟用了什么毒药，此人得意扬扬地说："我用的是士的宁。"

"但是士的宁是有苦味的，为什么布里达没有觉察到呢？"尼禄好奇地问。

"为了这个，我花了特别的心思，因为一般的调味料是无法除去苦味的。因此，我绞尽脑汁，设计好当日的菜单。"

说到这里，尼禄突然拍膝而起："啊！真是一项绝妙的设计。"

请问：调配师把毒药放在哪道菜内呢？

50. 惩凶的煤气

哈里斯到处流浪，他每天靠在街头替人画像勉强糊口。他经常在外面风餐露宿，就算很劳累的时候，他也不想回他的那个简易的家，对他来说，家是一个让人担惊受怕的地方，尤其是楼下的沃克在家的时候。

那是个不足15平方米的小屋子，里面又脏又挤，每当风雨来临时，薄薄的墙板可能随时都会被卷走。楼下的流氓沃克却非常恼火哈里斯的这个简陋的落脚点。在他看来，屋子以上的空间都应是他私人拥有的。

从哈里斯搬进去的那天起，他就开始处处刁难哈里斯，甚至威胁说要把哈里斯杀掉，硬逼着哈里斯搬走。为此，哈里斯吓得整夜没有合眼。

天气预报说晚上将会有大雪，哈里斯今天不回家恐怕是不行了。哈里斯无奈地走上了回家的路。刚刚上楼，穷凶极恶的流氓沃克就把哈里斯堵在楼道里，恶狠狠地说道："穷画家，我不是警告过你别再回来吗？当心我今天就杀掉你！"哈里斯惊恐地绕过他，爬到楼顶，躲进小顶棚里熬了一夜。

第二天，一阵警铃把哈里斯惊醒。哈里斯连忙起身，只见沃克的屋子已经被警察围住，里面散发出一股刺鼻的气味。又过了一会儿，沃克被抬了出来，法医过去测量了心跳、血压，摇了摇头，在他身上盖上一幅白被单。

警察得知哈里斯和沃克结怨的情况后，他们搬开哈里斯的床，只见床下的楼板竟然被割掉了一大块。原来，沃克趁哈里斯不在的时候，割下了位于哈里斯床下的天花板。昨天，他趁哈里斯熟睡的机会，对准天花板上的洞，打开了煤气罐。

众所周知，煤气应当会从洞里源源不断地进入哈里斯的屋子，最终把哈里斯毒死。可奇怪的是，哈里斯安然无恙，而躲在浴室里的沃克却因为煤气中毒而死亡。

哈里斯觉得有点不可思议，可是事实又摆在眼前。你知道是什么原因吗？

51. 列车上的广播

一个珍奇珠宝展览在某城市博物馆开展的第二天夜里，两颗分别重156克拉和178克拉的"非洲之星"宝石就被盗走了。这两颗宝石可是稀世珍宝，如果被偷运出国，那造成的损失将难以估量。

天未亮，警方便接到报案，探长托尼马上派出两名侦探赶往一个半小时后就要发车的150次国际列车。他自己则带了一名助手来到现场。经过初步勘察，他们发现盗贼是从博物馆的屋顶进入馆内的，并且用早已配好的钥匙打开了展厅的门，然后剪断报警器的电线，将宝石从有机玻璃柜中盗走。看来盗贼是早有预谋的。

托尼探长留下助手配合馆内保安继续对现场进行进一步的勘察，自己迅速开车来到了火车站。他和已经上车的两名侦探联系上。那两名侦探正分别从车头和车尾逐节车厢寻找嫌疑犯。

托尼探长从中间一节车厢上了车。忽然，车厢内一阵骚动，两名乘警正分开人群朝9号软卧车厢走去。托尼探长紧跟了过去，当他们来到第三间包厢时，透过半敞开的门，一眼就看见靠窗口处蜷缩着一位中年男子。让人恐怖的是他两眼圆睁，口角边还有一丝鲜血，已经死了。经检查他是被人用毒药杀死的，随身携带的行李已不翼而飞。乘警告诉托尼探长，报案者是与死者相邻车厢的一位乘客。据他说是因误入死者车厢才发现这起凶杀案的。托尼探长猜测死者就是昨晚偷走宝石的盗贼之一，他在作案后很有可能又被另一伙盗贼跟踪，上车后被杀死在车厢内，随后行李和宝石一道被劫。

托尼探长推断杀人劫宝者还在车上，他当即向一位乘警小声交代了几句。这时，两名侦探已来到这节车厢，托尼探长立即给他俩安排了任务。

列车上的广播忽然响了："各位乘客请注意！各位乘客请注意，9号车厢有一位乘客突发重病，生命垂危，车上如有医生请速去协助抢救。"顿时，有不少人向9号车厢涌来。化装成"医生"的一位侦探堵在门口，他向前来要求参与抢救的人说道："病人刚刚苏醒过来，他正向乘警述说好像有人要谋杀他呢！"话音刚落，人群中有一位乘客迅速转身回到了自己的座位上。当那人刚从行李架上取下一只皮箱时，托尼探长和一名乘警便出现在他身后。

"先生，请跟我们到乘警室去一下！"那人浑身一颤，皮箱猛然从手上滑落，正砸在他脚上，疼得他大叫不止。

"把皮箱捡起来，跟我们走一趟！"乘警和托尼探长将那人夹在中间，把他带到了乘警室。没等托尼探长要他打开皮箱，那人便如实地交代了他杀人窃宝的犯罪经过。

请问，托尼探长是如何断定那人就是劫宝杀人犯的呢？

52. 追踪逃走的凶手

亚当斯探长每天清晨都会在山间跑步。这是一个雨后的清晨，天空悬着些许阴霾，空气却格外的清新。亚当斯探长骑着自行车，来到山脚下准备跑步。突然，他发现了路边有一个警察，腹部插着一把刀，满身是血，躺在那儿奄奄一息。

亚当斯探长慌忙取下脖子上的围巾，为警察止血。

命在旦夕的警察，用微弱的声音说："五六分钟前，我看见有个人行……行踪很可疑，上前质问。没想到，他竟然袭击了我，然后，骑着我的自行车跑了！"

警察说完，用手指指凶手逃跑的方向，不一会儿就死了。

附近的住家，有两三个刚巧路过，于是亚当斯探长就请他们代为料理后事并报警，自己骑上自行车，顺着凶手逃跑的方向寻找线索。

骑着骑着，来到一个双岔路口，这两条路，都是缓缓的斜坡，而且在距离交叉点四十米外的地方均在施工，所以路面都是沙石和泥土。

亚当斯探长先看了一下右侧的岔路，在沙石路面上，有明显的自行车轮胎的痕迹。

"凶手似乎是顺着这条路逃走的。"

为了谨慎起见，他也察看了左边的岔道的路面，在那儿也有车轮的痕迹。

"唔！他究竟是朝着哪个方向逃走的呢？反正眼前的两条路，他总会选择一条。根据两车前轮和后轮所留下的痕迹，我应该立即就可以看出凶手是从哪条路逃走的。"

亚当斯探长以敏锐的观察力，详细比较了两部自行车的车轮痕迹。"右侧道路的痕迹，前轮后轮大致相同；而左侧的道路为什么前轮的痕迹会比后轮浅？哦，我知道了。"

于是亚当斯探长就追了下去。

你能推断出亚当斯探长是从哪条路追下去的吗？

53. 贝加尔湖死尸案

世界上最深的湖泊非贝加尔湖莫属，除此之外，它还是世界上透明度很高的湖泊，有人曾做过实验，可以从湖面上看到水下将近40米深的湖景。

某个夏天的清晨，贝加尔湖上漂浮着一具男尸，一条小船翻扣在水面上，这具尸体漂浮在旁边。乍看上去，就像是一起划船时发生的意外事故，可能是湖面吹起的风掀翻了小船，造成船翻人亡。

根据验尸结果，推定死亡时间是前一天晚上7点钟左右。死者是贝加尔湖边上某个工厂的制图员，他平时住在单身宿舍里，那是一栋五层高的公寓楼。死者有恐高症，所以他的房间在一楼。

"他不会游泳吧？"警察去向他的同事们了解情况。

"经常见他去体育馆的游泳池游泳，游泳技术是很高的。所以，也许是船翻了后，他游泳时发生心脏停搏死去的吧。夏季的湖水也是非常冷的。"同事们回答说。

突然，警察发现了什么，马上做出判断说："这不是一起划船引起的事故，死者即使因为溺水而死，也是有人故意制造的翻船假象，这应该是一起谋杀案。"

警察为什么会这样说呢？

54. 占卜师之死

因在电视节目走红而声名大噪的蒙面占卜师，在某个夜晚被杀了，经过验尸后发现，他的死因是喝的咖啡里被人掺了毒。占卜师死时脸上仍戴着面具，现场的金柜被洗劫一空。

经过调查，最有可能的犯罪嫌疑人有三位：占卜师的同居女友——洋子小姐；占卜师的弟弟——隆一；占卜师的客人——来占卜的山村。

据查，洋子知道占卜师在外拈花惹草后，每天都会和占卜师吵架，所以她有充分的理由杀人。占卜师的弟弟隆一借给了哥哥一大笔钱，但是占卜师始终没有还，怀恨在心，所以也有重大嫌疑。另外，在占卜师被杀当日曾来找他占卜的山村先生，有一屁股的外债，所以也有作案嫌疑。

这三个人在占卜师的死亡时间内都没有不在场证明。

杀人犯是哪一个呢？

55. 一条大红的龙虾

日本横滨有一家专门经营龙虾的餐馆，老板是一个非常善良、慷慨的人。

一天，人们突然发现老板在厨房里被人杀死，而且他的衣服兜里的现金也全被人掏走。十分悲伤的老板娘马上就打电话报了案。

几分钟后，警长矢村带人来到了餐馆。

老板娘一边哭一边对矢村说道："警长啊，我丈夫可是一个慷慨热心的人啊！每当有流浪汉来我们餐馆时，我丈夫总是给他们东西吃。我丈夫现在惨遭不幸，我认为一定是那个穿黄上衣的人干的，我在十分钟之前看见他和我丈夫在厨房说话。然后就发生了这事。"

老板娘说完话，便领着矢村来到人群当中，指着一个身着一件又脏又破的黄上衣的人说道："就是他，你们可别让他跑了。"

矢村警长上下打量一番这个人，估计此人就是一个流浪汉，于是问道："老板娘刚才说的话，你都听见了？"

穿黄上衣的这个人马上辩解道："尊敬的警长先生，我刚才的确是在这儿，可我什么也没干。刚才一个戴围裙的人说要给我东西吃，我看见他把一条大红龙虾放在锅里，他还告诉我20分钟后来吃呢！所以我就站在这等着。"

矢村听罢，笑了笑说道：

"你不用狡辩了，你就是凶手"！

矢村警长是如何发现这个人就是凶手的？

56. 洗澡猝死

某夜，杰西卡接到姐姐打来的电话，要他马上到姐姐家来有重要的事情商量。

原来杰西卡姐姐碰到一件非常麻烦的事情。她的朋友琼斯来她家过夜，可是琼斯睡觉前洗澡时，突发心脏病，猝死在家里的浴缸里。杰西卡姐姐不敢通知警察局，怕警方会怀疑是自己杀害了琼斯，因此央求弟弟把尸体运回琼斯家的浴室里，就像在那里死的一样。

杰西卡把琼斯的尸体送到她的别墅时，天已大亮。还好别墅的位置十分偏僻，没有什么人看到他。杰西卡悄悄地把琼斯放到浴缸里，打开热水器，撒上浴盐，浴缸里放满热水。接着他把现场处理干净，就像洗澡现场一样，随后便悄悄地离开了别墅。

第二天中午1点左右，琼斯的尸体被前来打扫的钟点工发现了，很快警察介入了调查。法医尸检后证实："死者死因是先天性心脏病，属于自然死亡。"

正在现场调查原因的探长忙问："具体死亡时间是什么时候？"法医说："初步推测是在昨晚9点到11点。"探长环视四周，沉思片刻后说："如果是死于心脏病，又是这个时间，这个浴室应该不会是第一案发现场，一定是谁怕尸体引起麻烦才运到这里来的。"

杰西卡出了什么纰漏，让探长肯定尸体被转运过？

57. 教授之死

宫本武是位心理学家，一个人独居，有一位女佣负责他的生活起居。

5月20日是宫本武所在大学的心理系建系30周年纪念日，所有的师生都在为这场庆祝典礼积极准备着。学校的领导们陆续发言完毕，但是迟迟不见宫本武的身影，校长立刻派人去他家找他，结果发现宫本武教授已死在了家中。

接到报案电话的警察立即赶往现场，随后探长菲里询问了女佣。

女佣带着哭腔对探长菲里说道："两个小时前，教授让我为他倒杯加冰威士忌，并且准备好洗澡水，他想睡一会儿，并且让我两小时后叫他，他还要去参加学校的庆典活动。时间到了，我多次敲门，都没有回应，我打开门，发现他已经口吐白沫卧倒在地上了。"

菲里看了看宫本武喝过的酒杯，发现酒杯里除了冰块还有些安眠药。

探长认为死者并非自杀，而是谋杀，凶手就是女佣。

探长为何觉得女佣就是凶手呢？

58. 破案玄机

一天早上，气温在-5摄氏度左右。这时，突然有个湿漉漉的人，气喘吁吁地跑来警局。他对警局的组长说："我的朋友跳进了湖里，凝结的冰突然破裂。他陷进去后，我跟着跳了进去，可是已经见不到人影。请你快叫人来帮忙。"于是，组长马上和小组成员行动起来。大家一起朝着出事的地点走去。他们走了1.5公里路，看到了冰上的裂洞。组长把视线转移到那个人身上，说："虽然不知道是何理由，但是，你就是那位杀害朋友的罪人。你认为我看不出破绽吗？"

那么，组长的判断正确吗？

59．一宗凶杀案

有五名探险者去深山寻找宝藏，其中只有队员甲知道宝藏埋藏的准确地点。一天傍晚，他们五人分别在河的两岸五个不同的地点扎营休息。

当天晚上，队长不时地用手机与大家联系。但是由于山中信号不好，手机只能在帐篷中通过特殊装置放大信号之后才能使用。在晚上10：30以后，他没有收到队员甲的应答。于是队长又同其他三名队员进行了联系，询问了他们三个人的具体情况。

第二天早晨，大家集合的时候，甲没有到。大家到甲的帐篷里去找，发现甲已经死了。他是被人杀死的，犯罪现场的证据表明凶手是乘船到达队员甲的帐篷并把他杀死的。而在当天晚上，每位队员都有使用独木舟的机会。队长怀疑是三个队员中的某人为了得到宝藏的准确位置而杀害了甲。但是根据下面的事实，队长排除了其中两名队员的嫌疑：

（1）队员甲是在前一天晚上10：30之前在他的帐篷里被杀害的，他是被绳索勒死的；

（2）凶手去队员甲的帐篷和返回自己的帐篷都是乘的独木舟；

（3）队员乙的帐篷扎在甲的帐篷的下游，丙的帐篷扎在甲的帐篷的正对岸，丁的帐篷扎在甲的帐篷的上游；

（4）河水的流速很快；

（5）顺水而下需要20分钟，逆水而上需要60分钟，而到对岸需要40分钟；

（6）对于队长的手机呼叫，各人的应答时间如下：

应答者应答时间

乙8：15

丙8：20

丁8：25

甲9：15

乙9：40

丙9：45

丁9：50

乙10：55

丙11：00

丁11：05

那么，剩余的三人中仍被队长视为嫌疑人的是谁？

60．真假新娘

德国珠宝商康拉德·布朗斯上星期在他的旅馆房间里被杀了。他的一大笔遗产将转入他来美国之前刚刚悄悄结婚的新娘的手中。

据布朗斯在美国的一个朋友说，布朗斯和他的新娘在德国按德国风俗举行婚礼之后，布朗斯只身先到了美国，而他的新娘将在一星期后抵达纽约，和他相会。这个朋友除了知道这个新娘是个钢琴教师外，别的都不清楚。

现在新娘来了——不是一个，而是两个！她们都有一切必要的证明，表明自己是布朗斯的新娘，而且对布朗斯也都很了解。那么，两个人中谁真谁假呢？

在布朗斯先生那位美国朋友的家里，海尔丁见到了那两位新娘，一位肤色白皙，满头金发，另一位肤色浅黑，两人都很丰满结实，三十来岁，很漂亮。

海尔丁见那位金发新娘右手上那枚戒指箍得很深，手指上出现了一条红道道，而那位肤色浅黑的女士两只手几乎戴满了戒指。

海尔丁沉思片刻，向两位女士欠了欠身："你们能为我弹一首曲子吗？"

浅黑肤色的新娘马上弹起了一首肖邦的小夜曲。只见她的手指在琴键上灵巧地舞动着，海尔丁发现她左手上有三枚蓝宝石戒指和一枚结婚戒指，右手上套了三枚大小不同的钻石戒指。

她演奏完后，金发新娘接着也弹了这首肖邦的小夜曲，虽然她弹的和前一位一样优美动听，但她右手上仅有的那枚不起眼的结婚戒指却使她远为逊色。

海尔丁听完两位女士的演奏，微微一笑，对其中的一位说："现在请你说一说，你为什么要冒充布朗斯先生的新娘？"

海尔丁这句话是问谁？

61. 谁是投毒凶手

一家酒店里有许多客人在悠闲地喝着香槟。中间的一张桌子上，三个男子正在谈笑风生。正在这时，酒馆内灯光突然灭了，到处一片黑暗，原来是停电了。酒馆老板急忙叫人点燃了蜡烛。点燃蜡烛后，人们继续喝酒交谈。忽然，中间那张桌子上的一位男子惨叫一声，倒在地上，气绝身亡了。

酒馆里出现如此重大的案件，这可了不得！酒馆老板急忙叫人报了警，并很快维持了秩序，不让人们走动，更不让人离开。

很快，大侦探汤普森赶来了。他仔细检查了死者的酒杯，发现酒里有一种烈性的液体毒药。汤普森知道，这种毒药一经接触人的食道，可以马上置人于死地。

汤普森问酒店老板："今晚停电你们事先知道吗？""知道，前两天就在酒店门前贴了通知，我早有准备，所以准备了许多蜡烛。"如此看来，凶手是早有预谋的，他知道今晚要停电，便准备了毒药，在停电的瞬间把毒放进了死者的杯子。而死者并没有看见，喝了杯中的酒，从而致死。

汤普森问清了案发的时间，又察看了这张桌子与其他桌子的距离，再仔细检查了四周地面，发现地上没有可疑物品，便断定凶手是同桌的人，否则不可能在一瞬间投毒。于是，汤普森要求同桌甲和乙掏出他们所有的物品。甲掏出的物品有手表、手帕、香烟、火柴、现金，乙掏出的物品有手表、手帕、口香糖、金笔、日记本和现金。

人们心想，这能看出什么呢？可是，汤普森却指着乙说："是你害死了他！"乙听了大喊冤枉，其他人也觉得很奇怪。

汤普森为什么说是乙杀害了死者呢？

62. 驯兽师之死

安娜是马戏团的驯兽师，她的拿手好戏就是把头放在狮子的大嘴之中。

她表演这样的绝技已经有几百次了，从来没失过手。

这天晚上，又轮到她出场表演。表演前，她在化妆室中化妆。最后，她像往常一样，在头发上擦了些油，使头发在射灯下变得更光亮。

在一阵热烈的鼓声中，安娜把头伸入了由她一手训练好的雄狮嘴中。突然之间，这只雄狮竟然做出一种很奇怪的表情，猛然把嘴合上了，可怜的安娜因此而死亡。

事件发生以后，警方立即进行调查。

很多人认为这是意外事故，是由于狮子突然野性发作而将安娜咬死的，但警察经过仔细观察，却并没有发现狮子有任何异常现象。

并且警察从调查中了解到，在事发前一晚，马戏团的艺员安德森曾向安娜求婚遭到拒绝，安德森当时恐吓说要杀死安娜。在安娜最后一次演出化妆前，有人见到安德森手里拿着一个玻璃杯偷偷溜入安娜的化妆室。多种迹象都表明安德森可能与此案有关，于是警察再次搜查安娜的化妆室，终于发现秘密就在那瓶发油上。

你猜到是怎么回事了吗？

63. 杯子上的指纹

伊莎贝拉是著名的独立撰稿人，她不仅文章写得好，更能为精彩的文字配上美丽的插画。于是她的书大受欢迎，连续五个月排在畅销书榜单的第一位。可是因为当初出版商用很低廉的价格买下了版权，她只能眼睁睁地看着自己的书热卖，而大把的金钱却落入别人的口袋。

这天，警察局长托雷斯告诉她，版权代理人娜塔莉小姐两天前在公寓被害，凶残的凶手对准她连开了十枪，娜塔莉小姐当场死亡。根据调查，当天晚上和娜塔莉小姐接触过的人有伊莎贝拉、印刷厂的负责人埃文斯和娜塔莉的前夫路易森，警方把他们都请到警察局来协助调查。

伊莎贝拉听到发生这样的惨剧，吓得哭了起来。她告诉托雷斯警长，当天晚上八点左右，她去过娜塔莉那里，两人商讨了重新签订版税合同的事情，娜塔莉还倒了一杯冰镇的松露酒给她，大约五分钟后她就离开了。

埃文斯则有些抱怨，他显得很激动，强调自己完全是无辜的。他在当天九点左右去过娜塔莉家，准备向娜塔莉讨回欠印刷厂的费用，可是娜塔莉只是礼貌地给他倒了一杯冰镇的苏打水，绝口不提还钱的事情。他一怒之下就骂骂咧咧地离开了，楼下看门的警卫能证明这一点。

路易森虽然因为财产问题和娜塔莉离婚，可是离婚后他们仍然是好朋友，听到娜塔莉被害的消息后，路易森悲痛欲绝。他回忆说，那天晚上娜塔莉的情绪很不好，他喝了杯白水，安慰她几句后就离开了，想不到竟然发生了这样的悲剧，说到这里，路易森难过地痛哭起来。

托雷斯警长看着眼前三个都可能是凶手的人，无法做出判断。一方面他们都没有足够的杀人动机，另一方面现场没有留下任何线索，凶手连弹壳都收走了，就连使用过的玻璃杯上都只有娜塔莉一个人的指纹，指纹虽然非常清晰，可对案件并没有多大帮助。

托雷斯警长只好求助名探格林，格林听完案情后，沉思了一会儿问道："案发那天晚上，我记得天气很热，大概有37摄氏度，是吗？"

托雷斯警长一回忆，确实是这样。格林又继续问："杯子上被害人的指纹十分清晰吗？如果是这样的话，凶手就找到了。"托雷斯警长有些莫名其妙，就凭这点就能认定案犯吗？

格林是怎么找到案犯的呢？

64. 说谎的女招待

英国伦敦一家豪华的旅馆。

一大清早，经理就向警察局报案——旅客奥利维亚小姐的一个装有许多贵重首饰的手提包被窃了。

几分钟后，警长哈尔根赶来。他察看了一下现场后，就把奥利维亚小姐叫到跟前，询问案发的经过。

奥利维亚小姐是代表公司来参加一个国际博览会的，一下飞机就来到这家旅馆。她的手提包里装有许多精美的首饰，二楼的女招待员替她把手提包放在床头柜上。

"小姐，你需要什么，请尽管吩咐。"女招待员十分殷勤地说。

奥利维亚小姐说："我没有别的事，只是请您明天早上给我送一杯热牛奶来。"

睡觉前，奥利维亚小姐还把首饰清点了一遍，没发现损坏什么。

第二天一早，她醒来后便按电铃叫女招待员送牛奶来，自己去洗漱间。刷好牙，她在洗脸时，听见房门开了，以为是女招待员送牛奶来了，便没在意。

可是，当她冲洗脸上的香皂时，只听见外面"啊"的一声惨叫，接着是"扑通"一声。奥利维亚小姐急忙奔出去看，只见女招待员躺倒在房门口，已经失去了知觉，额上鲜血直流。她再往床头柜上一看，更是吃了一惊：手提包不翼而飞了……

警长哈尔根听完奥利维亚小姐的叙述，又去看望已经醒过来的女招待员，请她把刚才的情况说一遍。

头部受了些伤的女招待员吃力地说："刚才，我按奥利维亚小姐的吩咐，端来了一杯热牛奶。可是我刚进房门，猛觉身后一阵风，没等我反应过来，就见身后蹿出一个男人，他猛地朝我头上打了一拳，我一下子被打倒在地，在昏昏沉沉中，好像看到他拿了一只手提包逃走了。"

警长问："那人长得什么样？"

"我没看清。"

警长没问下去，走到床头柜前，端起那杯热牛奶说："奥利维亚小姐，您还没喝牛奶呢。"

"呀，对了，您不说我都忘了。"

女招待殷勤地说："凉了吧，小姐，我去替您热热。"

警长嘲讽地说："招待小姐，别再演戏了，快招出你的同伙吧！"

女招待的脸变得惨白，争辩说："警长先生，您这是什么意思？"

警长冷笑了一声，说出了自己发现的破绽。女招待员张口结舌，无法自圆其说了。在警长的一再追问下，女招待员只得招供出同伙，并交出了那只装满贵重首饰的手提包。

警长是怎么判断出女招待员在说谎的？

65. 谁偷了稿纸

一列火车在铁道上飞驰，车厢里的旅客不是很多，他们有的脸朝窗外，看着窗外的风景；有的仰躺在座椅上，伴着车轮轻微的"咔嚓"声，闭上眼睛打瞌睡；有几个女孩子，胃口似乎特别好，刚刚吃过午饭，现在，又拿出一大包零食，津津有味地吃起来。

10号车厢里，坐着两位工程师，他们一个叫托马斯，是总工程师，另一个叫温森特，是托马斯的学生。他们在同一家设计院工作。这一次是到纽约参加一个学术大会。最近，托马斯的一项研究获得了成功，他将要在学术大会上发言，现在，他正拿了一叠论文稿，在做最后的修改。温森特是一个私心很重的人，对老师取得的成绩，心里暗暗地在妒忌。

再过一小时，列车就要到站了。托马斯把论文放在车窗前的小桌上，对温森特说："我去上一趟厕所。请帮我看着这些文稿。"等到他回来，看见稿纸散落了一地，温森特吃力地蹲着，正在一张一张地捡。看到托马斯回来了，温森特抱歉地说："非常抱歉，刚才我觉得太闷热，就把车窗打开了，谁知道窗外吹进来的一阵风，把稿纸吹得满地都是。"托马斯安慰说："没关系，不过，这些文稿很重要，千万别弄丢了。"两人捡起稿纸，一清点，发现少了最关键的两张。托马斯想，会不会吹到其他车厢里了呢？他马上去找来乘警，请他帮忙寻找。

乘警听了他说的情况。摇摇头笑着说："那两张稿纸，一定是被您的同伴藏起来了！"

为什么乘警认为是温森特偷了稿纸呢？

66．谁是抢匪

一个夏天的中午，虽然天气非常炎热，但是广场依然人来人往，十分热闹。突然，人群中传来一个女子尖锐的喊叫声。原来，她的挎包被人抢走了，抢匪显然是个惯犯，得手后飞快逃离。附近的警察闻讯赶来，然而现场一片混乱，抢匪早就消失在茫茫人海中，围观人群并未能提供太多有效线索。

这时，约翰队长环顾四周，继而胸有成竹地笑了。他走到一个正在浇花的花匠面前，问道："这片区域的花儿，一直是你负责的吗？"花匠佯装镇定地答道："是的，我在此地工作三年了。"约翰队长哈哈大笑道："那么，请你跟我走一趟。"

你知道，约翰队长是根据什么断定花匠就是嫌犯的吗？

67．买珠宝的夫妇

一个阳光明媚的早晨，瑞士的一家珠宝品牌专卖店里来了一对夫妇，两人看上去都很有气质。丈夫礼貌地告诉店员，因为今天是他们结婚十周年的日子，所以他打算替夫人挑选一些首饰。

看到他们很诚恳，店员热情地为他们介绍了最新的款式和最近的促销活动，夫妻俩讨论了一下，决定先试戴看看。他们出示了贵宾卡，标志着顾客的身份和诚信。于是，店员为他们提供了单独的试戴间，根据他们的要求将珠宝送进去给他们试戴。

这对夫妇在店里待了一上午，几乎试过了一半的珠宝，最后他们决定买一个手镯和一对耳环。丈夫带着珠宝到收银台付款。收银员在为他们结账时，注意到站在丈夫身后的夫人好像很紧张的样子，端着水杯的手在微微颤抖。

丈夫也注意到了这一点，他笑着解释说，夫人在神经方面有些轻微病症，大夫嘱咐每隔半小时必须吃一次药，所以才会随身带着杯子。他出示了口袋里的药物，又打开杯子给店员看，杯子里是满满一杯咖啡。

夫人这个时候也向店员微笑着表示歉意，吃下一粒药，同时喝了一口咖啡。店员有些迷惑，她总觉得什么地方有点不对劲儿。这对夫妻持有贵宾卡，要对他们进行搜查是不可能的。何况负责接待的店员没有发现珠宝被盗，要求检查更是毫无道理。"小姐，麻烦你帮我们结账。"丈夫已经有点儿不耐烦了。"我现在就为您办理。"店员想，难道是自己在疑神疑鬼？

丈夫拿出信用卡，准备付钱。这时，店员忽然想到了什么，她毫不犹豫地报了警。警察在装咖啡的杯子里找到了四件珠宝，而这些珠宝都是夫妻二人用赝品替换下来的。经过调查，警察发现连贵宾卡都是伪造的。

你知道店员是如何看出破绽的吗？

68. 修女之死

一天早晨，修道院的修女爱兰躺在高高的钟楼凉台上死去了。她的右眼被一根很细的约5厘米长的毒针刺过，这根带血的毒针就落在尸体旁边，像是她自己把毒针拔出之后才死去的。

钟楼下的大门是上了闩的，这大概是爱兰怕大风把门吹开，在自己进来之后关上的。因此，凶犯绝不可能潜入钟楼。凉台在钟楼的第四层，朝南方向，离地面约有15米；下面是条河，离对岸40米。昨夜的风很大，凶犯从对岸用那根针射中爱兰的眼睛是根本不可能的。

院长认为爱兰是自杀，又觉得自杀是违背教规的行为，虔诚的爱兰不会做出这种事。院长为此专程请来了老友——科学家伽利略。看过现场之后，他向伽利略介绍了死者的身世和爱好："爱兰家境富有，有个同父异母的兄弟。今年春天，她父亲去世了。爱兰准备把她应分得的遗产全部捐献给修道院，但遭到异母兄弟的反对。爱兰平时除了观察星象之外没有别的爱好，据别的修女反映，不久前爱兰的异母兄弟曾送给她一个小包裹，或许是为了讨好她吧。但是，案发后整理她房间的时候，那个小包裹却不见了。会不会是凶犯为了偷这个小包裹而把她杀了呢？"

伽利略静静地思索了一阵，对院长说："如果把那条河的河底疏通一下，或许能在那里找到一架望远镜。"院长照伽利略的建议做了，果然在河底找到一架望远镜。可是，这和凶犯有什么关系呢？

伽利略说出了答案，你能够猜出这位科学家说了什么吗？

69. 可疑的凶杀案

一天，少女艾丽萨一脸悲痛地来到私人侦探理查森的办事处。原来，在上周二的晚上，艾丽萨的姐姐在家中因煤气中毒而死亡。奇怪的是，姐姐的房间不仅窗户关得严严的，连房门上的缝隙也贴上了封条。警察现场勘察之后认定：别人是不可能从门外面把封条贴在里面的，这些封条只有她自己才能贴，所以认定艾丽萨的姐姐是自杀。可是艾丽萨了解姐姐的性格，认为姐姐绝对不会轻生，她认为这一定是桩凶杀案。

听了艾丽萨的陈述，理查森试探地问道："谁有可能是嫌疑犯呢？"

"威尔逊有嫌疑，他住在姐姐隔壁，出事那天威尔逊也在自己的房间里，可他说他什么也不知道。那肯定是谎言！"

于是，理查森和艾丽萨一起来到那幢公寓。这是一幢旧楼，门和门框之间已出现了一条小缝隙。在出事的房门上，还保留着封条。理查森四下察看了一下，便向公寓管理员劳恩询问案发当夜的情况。

劳恩想了想，然后说道："那天深夜，我记得我听到一种很低的电动机的声音，像是洗衣机或者是吸尘器发出的声音。"

理查森眉头一皱，说："威尔逊的房间在哪里？"管理员引着理查森走到威尔逊的房门前。打开房门，理查森一眼就看到放在房间过道上的红色吸尘器。他转身对艾丽萨说："艾丽萨小姐，你说得对，你姐姐确实是被人杀害的，凶手就是威尔逊！"

请你判断一下，理查森是怎样识破威尔逊的真面目的呢？

70. 撒哈拉沙漠之旅

非洲撒哈拉沙漠，是世界上非常著名的沙漠探险地。为了能够征服它，无数的勇士来到这里，进行挑战极限的活动。

一天，负责救助的当地黑人警察卡萨德和他的助手正在沙漠腹地开车进行巡视，突然，他看见沙漠中躺着两个人，卡萨德急忙停下车，来到了两个躺着的人跟前。他用手一摸，发现两个人都早已死亡，两个人的背上都挨了数刀。

卡萨德马上开始检查尸体，从两个人的兜里，卡萨德发现了这两具尸体的身份证：两个人都是美国人，住在佛罗里达州，是美国一家沙漠探险俱乐部的会员。

卡萨德让助手继续在现场侦查，然后，他便将这两具尸体的资料传到了总部。总部马上通过国际电报，通报给了美国佛罗里达州警察局。

佛罗里达州警察局对这起案件极为重视，马上成立了专案组，由威廉担任组长。

经过仔细的调查，威廉认为死者之一的麦劳斯先生的侄子约翰有重大嫌疑。于是，威廉便驱车来到了约翰的住所。约翰很友好地接待威廉。他把威廉让进屋里，然后问道："尊敬的威廉先生，你找我有什么事吗？"

"是的，找你核实一件事。你叔叔麦劳斯先生最近去了哪里？"

"他去了非洲，又去探险了。"约翰回答道。

"我听说你也去了非洲，是陪你叔叔一同去的？"威廉问道。

"不，我没有去非洲。本来我打算去的，可是，就在我要陪叔叔去非洲的时候，我的几个喜欢旅游的朋友硬要我陪他们一同去南美洲，我只好放弃了非洲，而去了南美洲。"

说到这，约翰从柜子里拿出了一张照片，又继续说道："你看，这是我在南美洲与大象照的合影。"

"够了，你在说谎！亲爱的约翰先生，我看你叔叔的死，就是与你有关。"接着，威廉指着照片上的大象又说了几句话，约翰不得不低下了头，并承认了杀死叔叔的真相。

威廉讲了什么，约翰就承认了犯罪事实呢？

71. 走 私 犯

格兰特是个国际走私犯，他每年从地中海沿岸偷运东西，从未落网。

根据海关侦查，半个月前格兰特曾在海关露面，开一辆新出厂的红色高级法拉利敞篷车，海关人员彻底搜查了汽车，发现他的三个行李箱都有伪装的夹层，三个夹层都分别藏有一个长方形的盒子：一个盒子装着石灰岩的标本，另一个装着数枚漂亮的贝壳，第三个装的则是一些陶瓷碎片。人们不明白他为什么挖空心思藏这些东西。更奇怪的是，他每月两次定期开着高级轿车经过海关，海关人员因抓不到证据，每次都不得不放他过去。

迷惑不解的海关总长找神探弗雷德帮助分析，弗雷德看着石灰岩标本、漂亮的贝壳、陶瓷碎片深思着：这些东西有什么意义？总长心急地问："他到底在走私什么东西？"弗雷德点燃烟斗，沉思良久，恍然大悟，笑着说："这个老滑头，你把他拘留起来好了。"

格兰特到底在走私什么东西？

72. 识破谎言

周末上午10点，某公寓二楼传出砰的一声枪响。接着一个持枪的蒙面大汉冲下楼，乘车逃跑了。探长迪斯法诺接到报告，立即赶到现场。

只见一个男人倒在地上，额头中了致命的一枪，尸体旁边的门上有个洞，显然被害者是在开门前，被隔着门的手枪击中的。经公寓管理员辨认，死者不是该房的居住者吉姆，因为他认识吉姆，吉姆是个最次轻量级职业拳击手，身高只有1.5米，而死者身高足有1.8米。

由于不清楚死者的身份，只好取他的指纹进行化验。没想到死者竟是前几天从M银行里席卷500万巨款而逃的通缉犯鲍伯。

迪斯法诺来到拳击场找吉姆。吉姆一听鲍伯被杀，面色陡变。他说鲍伯是他中学同学，昨夜突然来他家借宿，不想当了他的替死鬼。

迪斯法诺听说"替死鬼"三字，连声诘问："怎么，有人想杀害你？"

吉姆回道："正是，上周拳击比赛，有人威胁我，要我故意输给对手，然后给我50万元，不然就要我付出代价，而我拒绝了。他们把鲍伯当成了我……"

没等吉姆说完，迪斯法诺侦探说："不要再演戏了，是你导演了这幕凶杀案，目的是想夺取鲍伯从银行盗来的巨款！"

你能猜出迪斯法诺侦探是怎样识破吉姆的吗？

73. 奇怪的脚印

博物馆新运到一批出土文物，在开箱清点时，发现一件珍贵的青铜器不见了。

波洛探长经过侦查，发觉有两个人相当可疑。一个是瘦高个子，一个是小矮胖子，当他们发现有人跟踪时，就朝海边一座山上匆匆逃去。

由于雨过初晴，他们走过的山间小路留下了清晰的足迹。足迹延伸到一个陡坡边的乱草丛中消失了，之后又在坡上重新出现，一直到悬崖边上就不见了，望下去就是滔滔海浪。

波洛探长和助手山姆仔细搜索。山姆发现旁边草丛里丢着一个记录本，本子最后有字的一页上写的是："一切都将逝去，一切皆可抛弃……"

山姆看罢后说："头儿，可能是畏罪自杀了。"

波洛探长仔细看了看脚印，果断地说："人就藏在土坡附近，分头搜索！"

果然，他们在坡下百米外一个茅棚里抓住了这两个嫌疑犯。

在押嫌犯回来的路上，波洛探长悄悄地对山姆说："你没有发现脚印很奇怪吗？你想想现场：土坡以上大个子的步距比小个子的小，大个子的脚印是前掌使劲，而且大脚印有几次重叠在小脚印上，小脚印却从来没有压上大脚印。"

山姆恍然大悟道："我明白了！险些被他们骗了！"

你知道脚印里隐藏的秘密吗？

74. 巧妙报案

卢瑟福是一名臭名昭著的北美洲大毒枭，也一直是国际刑警组织追捕的对象。尽管他行事周密小心，可仍旧被盯上了。这天，他驾驶着一艘破旧的机帆船，来到匹兹堡与当地的贩毒集团秘密接头。他们的接头地点非常隐秘，缉毒刑警队在跟踪卢瑟福时竟然被他甩掉了。

后来，刑警大队将目标锁定在了一艘可疑的机帆船上。很快，警察福克斯就摸清了船上人员的详细情况。这条船上总共有七个人，一名船主，一名厨师和五名水手。而且每个人的活动都有规律，船主会在每天早上8点的时候在甲板上活动筋骨，厨师会在每天上午的时候出去采购。而其他五名水手则是白天在船上工作，傍晚上街喝酒，且每次都喝得酩酊大醉而归。

很快，厨师的行踪路线被他们摸得一清二楚。他每次出门都是先去一家面包店，然后去肉品批发店、调味品批发商店、乳品店，再去餐馆，最后在报摊上购买当天的报纸，在买报纸时会和卖报者交谈几句，然后匆匆离开。厨师很警觉，因为他在每个地方都不会逗留很长时间。

经过几天的观察，福克斯开始变得急躁不安，因为他们没有发现任何可疑情况。时间拖得越久，就越不容易掌握敌情，这可怎么办？这时，队友查理给福克斯提供了一条信息，福克斯兴奋不已，他们火速赶往现场，果然发现卢瑟福正在和船上的贩毒集团进行秘密交易。

请问，引起福克斯兴奋的信息是什么？

75. 聪明的女主人

有位被判无期徒刑的罪犯在昨晚成功越狱，逃跑方向目前不明，电视、电台各大媒体及时通告，并且公布了逃犯的照片。全体警员接到抓捕命令，已经在城里搜捕了整整一个白天。索菲亚小姐独居好些年，与街区警察比较熟悉，她虽然知道罪犯越狱一事，但万万没想到对方悄悄潜入了自己家中。

那家伙饿极了，趁着天色微黑翻窗入内，看看室内空无一人就先奔向厨房。他从冰箱里找到几盒速食，三把两把扯去包装袋就往嘴里狂塞，而后又打开啤酒一通猛灌。正在这时，外面传来开门的声音，逃犯看清楚进来的只有一位年轻女子，遂放下心来，偷偷躲在侧面。待索菲亚刚刚打开灯，逃犯一手将她反扭，另一只手死死捂住她的嘴巴。

"别乱动，小心要你的命！"他低低吼道。索菲亚瞬间明白过来，又趁着明亮的月色飞快扫了一眼对方的脸，她确定自己遇到了从监狱里跑出来的逃犯。可是，一个弱女子又能如何？索菲亚吓得浑身发抖，只能乖乖就范。

"唰——"门口扫过两道雪亮的灯光，是开着巡逻车的警察艾伦和汤姆，他们看到索菲亚家亮起了灯，便过来例行检查一下。"滴滴、滴滴"，门铃响起来，艾伦已经站在门外了，逃犯摸出刀子威胁索菲亚："赶快打发他走！敢报警我就一刀杀了你！"索菲亚脑子里灵光一闪，她整了整头发，镇定地走过去开门。逃犯闪身躲在门后，刀尖微露寒光。"美丽的索菲亚小姐，今晚有没有看到什么可疑人物？"艾伦问道。索菲亚克制着内心的恐惧，说道："没有呢，我和我丈夫正准备睡觉。"艾伦一怔："那不打扰了，亲爱的小姐，晚安。"

看着警察驾车离去，逃犯放松下来。他拽过索菲亚一把推向卧室："老老实实进去睡觉吧，我可不想再背上条人命。"说完，这家伙找来一堆零食，大摇大摆地坐在客厅沙发里，边吃边看电视。索菲亚赶紧躲进卧室里，将门牢牢拴住。

哗啦——客厅窗户忽然大开！艾伦和汤姆一跃而入，迅速扑向沙发里的逃犯。那家伙刚反应过来已经晚了，两手两脚被绑了个结结实实。"可算抓着你了，多亏索菲亚小姐及时报警。"艾伦得意地拍拍手，拿起来警用对讲机开始向警局汇报。

聪明的索菲亚小姐是如何向警察报警的呢？

76. 浴缸杀人案

埃文先生有一套豪华的海景房。一天，约翰探长应邀到好朋友埃文家去参加生日派对。在距埃文家约有半小时车程的时候，约翰探长跟埃文先生通了一次电话。当约翰探长到达后，在客厅里等了五分钟也不见埃文先生下来见客。这时，管家詹姆斯从楼上下来，对约翰探长说："先生进去洗澡了，请您稍等片刻。"

约翰探长只好在客厅中又等了五分钟。这时，楼上突然传来了大叫声："不好啦，先生死了！"他慌忙冲上楼去，发现埃文先生躺在浴缸中死了，管家詹姆斯站在一旁大声痛哭。

诧异之时，他立刻报了警。经法医鉴定，埃文先生竟然是被海水溺死的。因为他的肺部充有大量海水，并没有淡水残留。而死亡时间约在半个小时之前。约翰急忙问管家："下午有没有其他人来找过埃文先生？""没有，参加派对的其他人都被先生安排在附近的酒店里了。您知道，先生不喜欢在家里举办派对。"约翰一边听着詹姆斯的话，一边用目光打量了一下浴缸的大小，然后取出随身携带的手铐将詹姆斯铐住，说道："别再演戏了，埃文先生是你杀死的，跟我走一趟吧。"

詹姆斯抗议道："你不要血口喷人，你有什么证据证明是我呢？你打电话过来的时候老爷还在接电话呢，从那时到现在不过40分钟时间，可是从这里到海边却要一个半小时，我就是坐飞机也回不来啊！依我看，老爷是上午去海边游泳时被海水中的有毒物质害死的。"

"那么，这又是什么？"约翰探长指着浴缸边上的细小的白色颗粒冷笑道。

詹姆斯听后，顿时面如土色，不得不坦白交代了作案经过。

约翰探长是如何判定詹姆斯是杀人凶手的呢？

77. 博物馆馆长之死

一天下午六点，野生动物博物馆馆长菲利普斯先生被保安发现死在办公室中。菲利普斯精力充沛，酷爱收藏，他收藏了数十件珍贵稀有的古董。其中，埃及法老图坦卡蒙的镶金面具更是无价之宝。平时，他都会待在自己的办公室里，研究和欣赏这些珍贵的古董，只是在每天下午六点闭馆时做一次例行的安全检查。这一天，保安见菲利普斯先生迟迟不来，就去他的办公室察看。没想到，菲利普斯先生倒在血泊中，一把匕首正好插在他的心脏的位置。桌上的图坦卡蒙镶金面具已经不见了，保安找了所有角落都没有找到。显然，它已经被凶手偷走了。见此情形，保安马上报了案。

警长乔治很快赶到现场，他在馆长的办公桌上看到了如下物品：地球仪、书籍、望远镜和一支尚未燃尽的雪茄。根据雪茄的燃烧情况可判断出，菲利普斯先生的死亡时间大概是下午五点。经过询问，乔治了解到办公室一直很安静，下午来拜访菲利普斯先生的只有收藏家特里克先生。但特里克在下午两点的时候就已经离去。而且，特里克先生有下午五点不在现场的证据，他当时正在出席一个慈善募捐活动。

乔治望着桌子上的物品，左思右想，最终认定凶手就是特里克先生。

那么，乔治是如何推断出来的呢？

78. 消失的凶器

亨利警探接到一个航空模型专家报案，说妻子在家中被杀了。亨利警探连忙赶去现场。到达现场后，亨利警探看到死者的妻子满身鲜血地躺在地上，人已经死了。不过摸了摸死者，体温依然还有，说明刚死不久。经过几个小时的勘查，基本排除了外来人员作案的可能，于是亨利警探把疑点集中到死者的丈夫身上。然而死者丈夫以沉默来对付审讯。亨利警探带着助手搜查了整幢二十层高的公寓大楼，甚至周围地区，依然找不到凶器。于是侦查陷入了僵局。直到一个星期后，他们才在邻近的一栋三十层高的商业大楼屋顶发现了带血的凶器。警察们迷惑了，按照时间推算，死者丈夫似乎不太可能在那么短的时间内跑到商业大楼屋顶上抛凶器的。凶器怎么会出现在那里呢？

79. 银行抢劫案

一家银行发生了一起抢劫案，劫匪抢走了保险柜里的几十万美元，然后劫持了银行的助理会计沃克先生，坐进小汽车里逃跑了。

不久，警察接到电话，是沃克先生打来的，他说自己已经成功地从劫匪那儿逃跑了。他向警长讲述了自己的经历："我刚走进银行，三个蒙面的劫匪就冲了过来，用枪指着我，逼我打开了银行的保险柜。他们把里面的钱洗劫一空之后，还把我拖上汽车，然后就发动汽车向外逃走了。"

"那你是怎么逃出来的呢？"警长问道。

"离开银行之后，一个劫匪就把抢来的钱从银行的钱袋里倒出来，放到一个他们自己准备的包裹里。然后，他们把钱袋扔出了车窗。又过了两个街区，正好碰上了红灯，车子停住了。我瞅准机会，突然打开车门，从车里跳了出来，然后飞快地跑到最近的一所房子里。很幸运，劫匪没有追赶我，他们继续逃跑了。"

"请你领我们沿着刚才劫匪逃跑的路线回到银行去，看看路上有什么线索吧。"

"好的。"沃克先生说完，跟着警长坐进警车，往银行的方向开去。不久他叫了起来："就是这里！钱袋就在这里！"他们停下车，捡起钱袋，然后继续往银行开去。过了几分钟，他们来到了一个红绿灯前。"这就是我逃跑的地方。"沃克先生说。

回到银行后，警长拿出手铐，将沃克先生铐了起来："别再编造故事了，快告诉我们你是如何勾结劫匪抢银行的吧！"

警长为什么那么肯定沃克先生参与了这起抢劫案？

80. 沙滩上的椰蟹

威廉医生和新婚妻子琼斯去日本冲绳度蜜月。沿着金色的沙滩，他们边观赏海滨火红的夕阳沉入大海时奇妙壮观的美景，边向耸立在海边的几棵椰子树走去。

突然，妻子惊叫一声，指着椰子树下的一个物体让他看。威廉跑过去一看，是个身着泳裤的青年倒在椰树下死了。青年的太阳穴被打破，流出来的血已经凝固。尸体旁边有一颗大椰子，椰子上沾着血迹。椰树下的沙地上留着大螃蟹爬过的痕迹。

"这可能是椰蟹爬过的痕迹。"大学海洋生物专业毕业的琼斯指着地面的痕迹说。

"椰蟹？那就是说当这位青年在树下睡觉时，有一只椰蟹爬上椰树，用自己的大剪刀剪断椰柄，掉下来的椰子正好落在睡觉的青年人的头上。"威廉抬头望着椰树说。那棵树上还挂着几颗椰子。

医生威廉用手触摸检查尸体，判断死者是当天下午14：00至15：00间死亡的。

"我看，根据死亡时间，可以判断这不是一起意外死亡事件，而是杀人案件，我认为罪犯是用椰子打击被害人头部，然后，伪装了树下的椰蟹的足迹。"妻子果断地说。

琼斯为什么认为不是意外事件而是杀人案件呢？

本章答案

1.驯马师之死

答案：罪犯是金发女郎。她自称血迹是"刚才在他身上蹭到的"，实际上那时彼特已经死了8个小时。他的血已经结成冰，不可能蹭到她袖子上去。

2.匪夷所思的命案

答案：我们在分析问题的时候，一定要不走寻常路。一定要把方方面面的可能都算到里面，才能顺利解开谜题。此案中，凶手确实只开了一枪，只是，凶手开枪时，被害者正背对窗子弯腰，子弹射穿了他的大腿后进入胸部，所以表面上看好像是中了两枪。

3.猫爪印

答案：寒冷的冬季，猫非常喜欢爬到汽车前盖上去，因为那里是人造的暖箱，司机抛下被撞的行人不管，逃回家中，将车停放在车库内。但是，即使马达停转，汽车前盖内的热量也不会马上散失掉，而这对于猫来说绝对是一个免费的暖炉。

另外，因为是昨晚才下的雪，而前些天天气一直很干燥，如果猫是之前爬上了车前盖的话，也不会留下泥爪印。如果猫是在昨晚或者是更迟些的时候，也就是疑犯逃离现场后不久才爬上车前盖的话，才会留下泥爪印。

4.指针停留的时间

答案：在12小时内，时针与分针有11次重合的机会。我们知道，时针的速度是分针的1／12，因此，在上次重合以后，每隔1小时5分钟27又3／11

秒，两指针就要再度重合一次。

在午夜零点以后，两指针重合的时间分别是：1点5分27又3／11秒，2点10分54又6／11秒，3点16分21又9／11秒，4点21分49又1／11秒。最后这个时间正好符合秒针所停留的位置，因此它就是侦探所确定的时间。

5.没有脚的幽灵人

答案：因为被射中的右脚是塑胶制的假肢。假肢无论中多少枪都不会流血。

6.射穿肩胛

答案：原因是凶手射击时，田中信实正在做倒立练习。

7.苹果疑案

答案：凶手是伯纳。苹果是没有毒的，问题出在水果刀上。莫斯是个左撇子，伯纳当然知道这点。所以他就在水果刀朝皮的一面抹了毒，正常人用这把刀削水果时都不会中毒，因为毒液都被擦到水果皮上了。而莫斯是个左撇子，他用这把刀时，带毒的一面正好朝向了果肉，所以莫斯被毒死了。

8.把自己吊在梁上

答案：他是这样做的：利用梯子把绳子的一头系在顶梁上，然后把梯子移到了门外。然后再从冷藏库里托出一块巨大的冰块带到顶楼。他立在冰块上，用绳子把自己系好，然后等时间。第二天当服务员发现他的时候，冰块已经完全融化了，这个领班就被吊在半空中。

9.识破谎言

答案：警察的判断是正确的。澳洲在南半球，气候与北半球相反，凶杀案发生在加拿大北部冬季的圣诞节，这时澳洲应该是夏季才对，不可能堆雪人过白色圣诞节。

10.保险柜被盗

答案：迈克和洛佩兹共同说谎，说明他们两个人就是盗贼，按照正常的逻辑：说真话的人心中没有鬼，反之，说假话的人，一定心中有鬼。

11.成年仪式上的故事

答案：那小伙子刚刚吃过冰块，舌头上的味蕾（味觉细胞）已被麻痹，分辨不出苦味了。

12.失踪的1000万赎金

答案：计程车的司机。

13.没有被擦掉的指纹

答案：布朗是按门铃进来的，所以门铃按钮上还留有一个指纹，而警察敲门进来的原因，就是不破坏这最后一个没有被清除掉的指纹。

14.老人的忠告

答案：老人看到五个指头的指纹全部是正面紧紧地贴在墙上的情形才觉得奇怪的。因为手指贴到墙上时，拇指的指纹不应紧紧地全贴在墙上印出来。

15.谁在说谎

答案：电力工程师在说谎。日本国旗是白底加太阳的图案，无所谓正反的区别，更别说出现挂倒这种事情了。所以，电力工程师根本没有重新挂国旗，他有足够的时间作案。

16.诈骗犯是怎样死的

答案：探长的判断是正确的。如果是跳车，那么尸体和两个旅行包应该距离很近，实际情况并不是这样的。何况，当时火车上并没有警察要抓布拉尔，他完全没有必要跳车。而且，从现场看，死者是头朝下着地的，跳车者一般不会取这种姿势。这只能说明死者是被人抛下火车的，其他东西又陆续被抛下来。

17.不可思议的宴会

答案：这个宴会是个化装舞会。舞会中的人认为他是化装成囚犯的样子，所以才穿着囚衣，因此反而非常欢迎他。

18.案发现场

答案：如果真的是在书房被枪杀的，那么磁带中就理应录上了昨晚报时钟报23点的鸽子叫声。之所以录音中没有鸽子的叫声，是因为凶手是在别处一边录音，一边枪杀受害人的。

19.揭露假象

答案：安德森识破利普顿的诡计，就是靠那只苹果。原来在苹果表皮的细胞里，含有一种叫氧化醇素的物质。平时它被细胞膜严密地包裹着，不与空气接触，但一旦细胞膜破了，那氧化醇素就与空气中的氧气发生了氧化作用，结果导致苹果变了色。利普顿咬过的苹果还没有变色。如果真像利普顿所说的30分钟前被人麻醉昏倒的话，那么苹果的颜色理应变了。

20.博物馆失窃案

答案：值班人员说窗户昨晚自己关好了，而且还拉好了窗帘。既然有窗帘的挡护，玻璃被打破后，碎片就不会散落一地，碎玻璃只会掉落在窗户下面，所以说他在说谎。很明显，这家伙在作案后故意伪造了假现场，造成窃贼入室盗窃的假象，来迷惑警方视线。

21.情报电话

答案：亨利和叔叔在打电话时做了点儿手脚，在通话时，他一讲到无关紧要的话，就用手掌心捂紧话筒，不让对方听到，而讲到关键的话时，就松开手。这样警探听到的是这样一段"间歇式"的情报电话："我是福特……现在……希尔顿酒店……和坏人……在一起……请你……快……赶来……"。

22.绑匪是什么人

答案：绑匪是邮差。在没有门牌和真实姓名的情况下，只有邮差能够安全地收到钱，但如果是挂号就不行了，所以邮差要求用普通邮件。因此，邮差就是那个绑匪。

23.识破不在现场的证据

答案：司机把约翰勒死之后，假装他上吊自杀，然后用电热毯把尸体裹好，才开车去拉路易斯。司机外出三小时回来后，先让路易斯稍候，迅速上了二楼，把尸体上的电热毯取下来，故三小时后尸体依然是温的。可是，放在约翰口袋中的巧克力，也同样因高热而融化。所以，路易斯看出了司机的阴谋。

24.戴墨镜的杀手

答案：如果有人戴着墨镜从寒冷的室外进入热气腾腾的室内，镜片上会蒙上一层雾气，根本无法看清屋里的人。

25.雪茄烟头

答案：如果凶手是死者的情人，他是不会把刚吸几口的雪茄丢在门口的，因为他经常出入被害人的家，嘴上叼着雪茄进进出出是很平常的，而推销员就不同了。推销员每当走进一户人家时，出于礼貌，他都会在门口灭掉雪茄，所以，烟头是推销员的。

26.凶手性别之谜

答案：使用抽水马桶不必用坐垫的当然是男的。他一夜住在这里，肯定得上厕所。所以，凶手准是男性。

27.雨后的抢劫案

答案：强盗是阿尔杰，因为彩虹的位置永远和太阳相反，所以看彩虹时绝对不会觉得阳光刺眼，他在彩虹出来时抢劫了珠宝店，走出来后发现天边有彩虹，就编出了这个不合情理的谎言。

28.小偷的伎俩

答案：原来哈维利用了咖啡馆前面的邮筒，他事先准备了写好自己名字、地址并贴足了邮票的信封，然后把自己偷来的钱放入信封，出门就把信封放进了邮筒寄给自己。

29.智破伪证

答案："那么受伤以前，你能举多高呢？"原告下意识地很快把手举过了头顶。顿时，引起在场的人一片哄笑，原告这才明白自己上当了。

30.谁是凶手

答案：爱丽丝将狗训练得一听见电话铃响就立刻对人进行攻击。当时，爱丽丝打电话给女明星，狗听见电话铃声后便依照平日的训练去攻击人。

31.一笔10万美元的遗产

答案：那两枚旧邮票乃是价值连城的稀世珍品，那位妇女的伯父是个推理小说迷。他将他的全部财产换成了这两枚旧邮票，留给了他的侄女。

32.求救信号

答案：罗伯特盘旋时是按照三角形路线飞行的，每两分钟向左飞行画一道，这是航空求救信号，这样，基地雷达会发现，会马上派出救生机。

33.孩子是谁的

答案：所罗门王故意说要把孩子劈成两半。按照正常的逻辑，每个孩子的亲生母亲都不会忍心看到自己的孩子被劈成两半，而只有非亲生母亲才能无动于衷，看着如此残忍的事发生。因此，当所罗门王的话一说出口，两个人的表现，让他一下子就判断出孩子是第一个妇女的。

34.没有熄灭的蜡烛

答案：杰森探长看到蜡烛后产生了怀疑，再加上停电，蜡烛一直没有熄灭。假如杰西卡是在自己屋子里被杀，过了24个小时，蜡烛早就燃尽了，一定是有人夜里把尸体弄来，走时忘了灭蜡烛。

35.爱鸟协会会长之死

答案：刑警看到鸟还在鸟笼子里，便断定为他杀。如果是爱鸟协会会长，那么在自杀之前应将小鸟放飞，给小鸟们自由。如果自杀后长时间不被发现，小鸟们会因断食断水而死掉。爱鸟家对小鸟的爱要超出常人的一倍，而将小鸟关在笼子里就自杀是不可想象的。

36.项链被谁偷走了

答案：因为船在大风中航行，并且会摇晃，而那名自称是作家的小姐，在写稿子的时候，却能写出整齐秀丽的字，所以嫌疑最大。

37.盲女绑架案

答案：根据少女说过的"夜晚会有风吹进来"，可以判断少女被关在窗户朝北，即面对丘陵的阁楼里。夜晚的海岸，陆地上的温度比海面要低，这样凉爽的风就非常容易从丘陵向海上流动，所以从朝北的小窗口吹来阵阵清风。反之，白天由于陆地很快变热，风就改从海上吹来。

38.警长的根据

答案：从落叶上分析的。如果车子在森林中停放两天，车内的尸体一定会堆满落叶；如果车上落叶很少或者基本上没有，证明车子放到这里时间不长。而罪犯只能步行离开，在大森林里这样做既容易留下痕迹，又不容易走远。

39.拿破仑智破窃案

答案：秘书利用毛玻璃的特性，偷走了10枚金币，毛玻璃不光滑的一面只要加点水或唾沫，使玻璃上的细微的凹凸成水平，就变得透明了，能清楚地看到罗埃在房中所做的一切。而在左边的房间毛玻璃的一面是光滑的，就不可能这样。

40.失踪的神秘女郎

答案：肖恩探长始终都没有说温尼特死于哪个城市，但海莉先是很明白地说了她并不知道叔叔去旅行了，后来又说他到佛罗伦萨去了，说明她在撒谎，她为了得到遗产，杀害了叔叔。

41.警犬失灵了

答案：凶手逃到牧羊的山坡上时，踩了满脚的羊粪。因羊粪的气味很大，消除了凶手鞋子原有的气味。所以，再训练有素的优秀警犬也毫无办法，而凶手则乘此逃之夭夭。

42.为何断定是他杀

答案：奥古斯是从玫瑰花中听出破绽的，放在窗台上花瓶中的13朵玫瑰，在房间里搁了两个星期后已枯萎凋谢，窗台、地板和地毯上应该找得到落下的花瓣，不可能"只有一点灰尘"而"没有别的东西"。从这一点奥古斯可以推断出这些花瓣是凶手清除血迹时一同弄掉了，也就是说琼斯是他杀而非自杀。

43.匿藏赃物的箱子

答案：史密斯探长根据带路人提供的每个箱子都有联系，而且都是四百多号的情况，发现了其中的内在规律：和的十位上的数字与第一个加数的十位上的数字相同，这就要求个位上的数字相加一定要向十位进1，1与第二个加数396十位上的9相加得整数10向百位进1，所以和的百位上的数字一定是8，而它的十位上的数字从0到9都符合条件，因此，藏有赃物的另外9个箱子的号码是：408、418、438、448、458、468、478、488和498。

44.吃兔肉

答案：一些食草动物对有毒植物有免疫的功能。这之中，兔子是免疫功能较强的一种。阿托品这种毒素就含在植物之中。阿曼达用含有阿托品毒素的植物叶子给兔子喂食，虽然兔子本身是活蹦乱跳的，但其体内已经含有了毒素。等到戴维斯把兔子煮熟吃掉了之后，毒素就进入了戴维斯的体内，最终导致了他的死亡。

45.古董劫案

答案：第一，威廉明明说头套上只露出两只眼睛，劫匪怎么可能吸烟呢？第二，既然说听不清他们的对话，又如何听清门外那两声轻轻的敲门声呢？话里的矛盾太明显了，稍加留意就知道他在说谎。

46.富翁杀妻

答案：是雷达。因为箱子是铝合金做的，所以雷达基地发射的雷达波碰到箱子后，会反射回来，并显示在雷达的屏幕上。

47.没有字迹的遗嘱

答案：简的妻子为了保住遗产，故意把没有墨水的钢笔递给简。由于多克和简都是盲人，自然也就没有发现，就这样，没有字的白纸最终被当成遗嘱保存了下来。可是，虽然没有字迹，但是钢笔划过白纸留下的笔迹仍然存在，如果仔细鉴定是可以分辨出来的，所以遗嘱仍然有效。

48.名侦探柯南

答案：合欢树一到晚上，叶子就会合起来。这就是植物的"睡眠运动"。但是，即使并非在夜晚，只要手碰或雨淋，叶子还是会闭合的。因此，如果是在下雨时遇害，即使血飞散，由于叶子闭合，也不会附着于表面。血沾在叶子表面，证明他是骤雨之前遇害的。之后就算下雨，也因叶子闭合，沾在树叶表面的血不会被冲掉。由于尸体被发现时已经下过雨，树叶再度打开。看见飞散在叶子表面的血，柯南推测被害者是在骤雨之前遇害的。如果是在下过雨之后才被杀，虽然血也会喷到树叶表面，但这样一来，尸体不会是湿淋淋的。

49.毒在哪道菜里

答案：毒药是放在冷冻饼干后的那道海蛎里面的。由于布里达先连吃两盘冷冻饼干，嘴里被冻得发麻，再吃下海蛎时，就不会觉察出毒药的苦味了。

50.惩凶的煤气

答案：由于煤气比空气轻，一般人们认为煤气应当往空中飞，但是，它在空气中并不是呈一般直线上升的。由于空气对流的影响，煤气会首先在空中扩散，然后和空气混合在一起。期待煤气在空气里笔直地上升到楼上，只是沃克一厢情愿的想法。这个歹毒的想法使他最终葬送了自己的性命。

51.列车上的广播

答案：托尼探长叫乘警通过广播寻医就是要让劫宝杀人犯自动现形。当广播说9号车厢有一位病人需要抢救时，劫宝杀人犯立刻坐不住了，他要去看个究竟。当听说病人没有死还怀疑有人谋杀时，他害怕被认出来，所以准备等火车到站后赶紧逃跑，没想到惊慌之下暴露了自己。

52.追踪逃走的凶手

答案：根据轮胎的痕迹判断凶手的去向。凶手是沿着右侧岔路逃走的。因为前轮和后轮所留下的轮胎深浅痕迹完全相同。通常骑自行车时，骑者的重量是加在后轮上面的；因此在平路或是下坡时，前轮的痕迹较浅，后轮的痕迹较深。可是上坡时，因为骑者的力量向前倾，而重心是置于自行车的踏板与把手之间，所以前轮与后轮的痕迹深度就会完全相同。

53.贝加尔湖死尸案

答案：警察想起了被害者有恐高症，并且单身宿舍也是在一楼的事情。多数有恐高症的人，是不会轻易乘船去深海和湖泊游览的，因为在透明度那么高的湖泊里，犹如在高楼上，一定会感到头晕目眩、两腿发软，所以死者一定是被移尸到那里的。

54.占卜师之死

答案：杀人犯是山村。对于熟悉的亲人，占卜师完全没有蒙面的必要。

占卜师是蒙着面与来人喝咖啡时被毒死的，所以占卜师接待的是不能让对方看到自己脸的人。如此说来，凶手只能是来求卜的山村。

55.一条大红的龙虾

答案：龙虾只有煮了以后才会变成红色，老板怎么会把已经煮熟的龙虾再煮一次呢？显然这个人在说谎。

56.洗澡猝死

答案：理由就是电灯。如果死者是晚上11点猝死于浴室的，那么案发现场的灯一定是开着的，可是杰西卡把尸体送回别墅时，已经是白天了，他忽略了开灯的细节。

57.教授之死

答案：菲里发现酒杯里还有冰块，经过两小时，冰块应该早已化掉，这说明这杯酒是在宫本武死后放在房间里的。这充分说明女佣撒了谎，目的就是掩饰她杀人的行为。

58.破案玄机

答案：这个声称为了救朋友而跳进湖里的人，在−5摄氏度的气温下走了1.5公里，照理来说，裤子早该结冰了。而他却全身湿漉漉的。说明他只是到了警局附近才故意弄湿自己，以掩饰谋害朋友的罪行。

59.一宗凶杀案

答案：是乙。

假设队员甲在接到手机呼叫后就被杀，时间为9：15。

上游的丁返回接手机呼叫时间为9：50，也就是说只有35分钟，少于40分钟，逆水而上时间不够。

对岸的丙返回接手机呼叫时间为9：45，也就是说只有30分钟，对岸30分钟回不去，这不符合条件。只有乙在甲下游，第一次接到手机呼叫时是8：15，离9：15有60分钟，9：15离他第二次接到手机呼叫时间9：40有25分钟，总计时间有85分钟，而且下游的他在60分钟内有足够的时间逆水到达队员甲的帐篷。在25分钟内有足够的时间顺水回到自己的帐篷接到手机呼叫。

60.真假新娘

答案：是问那位珠光宝气的浅黑肤色女士。她的结婚戒指戴在左手，这是美国风俗。而那位金发女士的结婚戒指戴在右手，这是德国风俗。康拉德·布朗斯的新娘子是德国人。海尔丁为了看清她们如何戴结婚戒指，故意让她们演奏钢琴曲。

61.谁是投毒凶手

答案：凶手一定要用什么东西把毒液带来，而盛毒的容器没有被扔掉。因此只要察看一下同桌的另两个人所带的物品，便可知道谁是凶手了，只有乙的金笔可以装毒液。原来，凶手为了隐藏，把毒液藏在了金笔的软囊中，趁着停电，把毒液注入了受害者的杯中。

62.驯兽师之死

答案：安德森向那瓶发油里加了一些刺激性油剂，当安娜把头伸进狮子口中时，狮子受到刺激，忍不住要打喷嚏，当时脸上出现的奇怪的表情就是由于这个原因，接着狮子因为控制不住就猛然把嘴合上。

63.杯子上的指纹

答案：根据三个人的说法，伊莎贝拉和埃文斯喝的都是冰镇饮料，而路易森喝的是白水，在炎热的天气里，冰镇饮料会让杯子迅速结出一层水露，这样娜塔莉小姐留下的指纹就应该是模糊的。所以，凶手是喝了白水的路易森，他喝的是常温饮料，对玻璃杯没有丝毫影响，杯子上才留下了清晰的指纹。

64.说谎的女招待

答案：女招待说，她才开房门，就有男人把她打倒在地，可是那杯牛奶却好好地放在床头柜上，女招待明显在说谎。

65.谁偷了稿纸

答案：火车在高速行驶的时候，车厢里面的气压要比外面高。一打开窗子，窗子边的稿纸只会被"吸"到窗子外，不可能被风"吹"进车厢里。

66.谁是抢匪

答案：养过花的人都知道，夏天中午温度很高，植物要通过蒸发水分来散热，此时若给植物浇水，植物根部突然遇冷，会影响对水分的吸收，造成植物死亡。一个自称工作了三年的花匠怎么可能犯这种低级错误呢？

67.买珠宝的夫妇

答案：丈夫说夫人患病，每隔半小时必须吃一次药，为了证明，两人还在店员面前表演了一次吃药的过程。可是，两人在店里已经待了整整一上午，如果需要半小时吃一次药的话，至少也吃了五六次药，可咖啡杯还是满满的，这说明杯子里一定有蹊跷。

68.修女之死

答案：那个望远镜是被改装过的，凶手把毒针装在望远镜里，爱兰看星星时转动调焦螺丝，望远镜就会发射毒针杀死爱兰。

69.可疑的凶杀案

答案：当艾丽萨的姐姐睡熟后，威尔逊先在门的四边把封条贴上一半，然后打开煤气开关。他走出房间关严门，然后就用吸尘器的吸口对准门缝，这样剩下的一半封条被吸尘器一吸，就紧紧地贴在门和门框上，造成了艾丽萨的姐姐自杀的假象。

70.撒哈拉沙漠之旅

答案：世界上亚洲有大象，非洲有大象，而南美洲却没有大象。

71.走私犯

答案：格兰特走私的正是他每月定期开过海关的高级轿车，而他那三个神秘的行李箱是迷惑海关人员的工具。当海关人员为此而头昏脑涨时，也就忽视了走私的轿车。

72.识破谎言

答案：被杀的通缉犯鲍伯是个身高1.8米的大个子，而吉姆只有1.5米。显然，凶手了解鲍伯的身高，才能隔着门一枪击中他的额头。

73.奇怪的脚印

答案：原来，两个人走到坡下，矮胖子上了坡，手里拿着高个子的鞋，走到悬崖边，把笔记本扔到草丛里，然后，换上高个子的鞋，倒退着下来，企图造成两人都跳崖的假象。因为退着走，所以步距比原来的还小，而且是前脚掌着力，因此小鞋印不会落在大鞋印上，只能是大鞋印落在小鞋印上。高个子在坡下草丛中接应了矮胖子，两个人赤脚从草丛溜掉。

74.巧妙报案

答案：是厨师的诡异行踪。机帆船上总共仅有七个人，不论他们的饭量有多大，也不用天天去调味品批发商店采购调味品。所以，福克斯认为调味品批发商店就是他们的接头地点。

75.聪明的女主人

答案：索菲亚没有结婚一直独居，警察艾伦听懂了她的暗示，为了保障人质的安全，先假装离去后再伺机抓捕，逃犯当时却一点儿也听不出来。

76.浴缸杀人案

答案：在海水中溺死不过是詹姆斯营造出的假象，如果有足够的海水的话，浴缸也同样能作案。首先，从时间上来看，詹姆斯具备充足的作案时间，他利用了参加派对的人不在家里的有利时机。其次，他精心布置了作案现场，他在浴缸里放满海水。约翰探长发现的细小的白色颗粒沙子便是证据。他将埃文先生用海水溺死后，放掉海水，换上淡水。约翰探长根据浴缸的大小和在客厅中的等待时间判断出那正是浴缸放水和换水的时间。

77.博物馆馆长之死

答案：菲利普斯先生一向身体健壮，假如凶手从窗外进来袭击，那么，菲利普斯先生一定会大声呼救，并与之展开搏斗，但案件发生时现场并无异常的声音。由此可推断，凶手一定和菲利普斯先生有过接触，甚至和他很熟，才能近身作案。根据雪茄和它旁边的望远镜可以联想到，凶手应该是先作案，然后将雪茄放在桌子上，再将望远镜的焦距调整到下午五点左右太阳的位置，并对准雪茄的头部。当下午五点左右时，阳光便聚焦在雪茄上将其点燃，从而营造出菲利普斯先生五点去世的假象。由此可推知，具备作案时机的只有特里克先生。

78.消失的凶器

答案：死者的丈夫是一个航模专家，非常熟悉各类航空模具。他将凶器绑上航空模具，然后通过操控让航模载凶器飞到那栋商业大楼屋顶上。

79.银行抢劫案

答案：按照沃克先生的叙述，他们在回银行的路上，不应该先看到钱袋，再来到他逃走的地方，因为钱袋是在沃克先生逃走之前扔掉的。所以，沃克先生说的是假话，他肯定参与了这起抢劫案。

80.沙滩上的椰蟹

答案：椰蟹有夜间出来活动的习性。椰蟹这类大型甲壳类陆生寄居蟹，生长在冲绳、台湾地区和南洋诸岛。它们白天钻进海岸的洞穴内，几乎不出来，只在夜间出来活动。因此，绝不会发生大白天爬到椰树上把椰子剪掉而伤到在树下睡觉的人的事情。这说明伪造现场的罪犯根本不懂得椰蟹的生活习性。